中国近代新闻学名著系列丛书

芮必峰◎主编

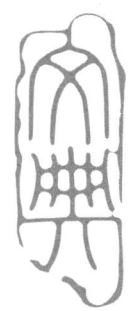

学校新闻讲话

—— 袁殊◎著 ——

中国传媒大学出版社

·北京·

出版说明

本丛书整理再版了近代在中国用中文出版的经典新闻学著作，所涉及的图书既有专著、教材，也有译著，全面涵盖了新闻学理论、新闻业务、新闻史等领域，成书年份前后跨越40年。在这40年间，中国的新闻学科从无到有、从借鉴到创新，成就巨大。对这些著作的再次出版，为研究中国近代新闻学提供了珍贵的史料，绘制了中国近代新闻学的全景，度量了中国近代新闻学的厚度，填补了该领域空白，也为纪念中国新闻学诞生100周年献上了一份厚礼。

我们请中国人民大学新闻学院教授、博士生导师，广西大学新闻传播学院院长，教育部社会科学委员会委员兼新闻传播学科召集人郑保卫，及中国传媒大学传播研究院院长、教授、博士生导师，中央实施马克思主义理论研究和建设工程新闻学首席专家雷跃捷对本丛书的内容进行了审定，并根据专家的意见进行了修改。在此对两位专家所付出的辛勤劳动表示衷心感谢。

由于历史原因，本丛书中的个别图书存在一些问题，为保存历史原貌，为研究者提供一手的参考资料，影印时均基本保持其原貌，未作大的删改，希望读者结合当时的历史条件和历史环境，对其中的观点进行批判性借鉴。原书中存在一些错别字、漏字和排版错误，我们在影印时均未做改动，敬请读者注意。

由于原书出版年代久远，本丛书中的许多书籍难觅其踪，存世数量稀少，版权状况极其复杂。为了保证本丛书的学术性和完整性，我们将具有价值的图书先行选入其中，进行了抢救性发掘，力图保存中国新闻史珍贵的历史资料。版权所有人若有异议，请及时与我们联系。

为更好地体现中国近代新闻学的发展脉络，本丛书特别收录了欧美学者休曼的《实用新闻学》、斯蒂德的《新闻学的理论与实际》；日本学者松本君平的《新闻学》、后藤武男的《新闻纸研究》、杉村广太郎的《新闻概论》。当年这些书的出版对中国近代新闻学具有一定的借鉴意义。

本丛书为影印制作，成书清晰度由原书决定，由于出版年代久远，受当时生产力水平及制作方法限制，难免会存在一些缺陷，敬请读者谅解。

中国传媒大学出版社

总　序

如果从1903年商务印书馆编译出版日本人松本君平的《新闻学》算起，中国的新闻学已有115年历史[①]。如果从1918年北大新闻研究会建立，徐宝璜开办新闻学讲座算起，中国新闻学教育和研究迄今正好100年历史。我们搜集整理了清末至民国期间一些有代表性的新闻学书籍，希望借此重现早期中国近代新闻学的本来面貌，反映我国新闻学发展的历史脉络，我们认为，这对中国新闻学术、教育史研究以及中国近现代思想史研究都是很有意义的。

从1903年到1949年9月的40多年间，我国公开出版和内部印行的新闻学书籍，包括专著、教材、论文集、资料汇编、参考工具书等，约468种之多。[②]它们集中反映了我国新闻学的历史发展轨迹。然而，由于多种原因，这些书籍除了几本曾被重印出版外，大多已经是“只闻其名、难觅其踪”，这对我国新闻学研究不能不说是一个遗憾。

本丛书在梳理1903—1949年间出版的有代表性的新闻学书籍的基础上，精选了50部著作，校订注释，编纂再版，也算对这一遗憾的弥补。

从我们挑选的这50部新闻学书籍来看，中国早期新闻学的发展有三个鲜明的特点：

一、中国早期新闻学的发展与中国社会发展，尤其与国家民族利益息息相关

40多年间，中国新闻学从近乎空白到勃然而兴，这与中国社会的动荡、变

① 黄天鹏回顾新闻运动时说：“有清光绪二十八年，商务印书馆刊行《新闻学》一书，为我国人知有新闻学之始，原书为日人松本君平所著……”资料来源：黄天鹏．新闻运动之回顾［A］．黄天鹏．新闻学名论集［C］．上海：上海联合书店，1929．

② 林德海，等．中国新闻学书目大全1903—1987［M］．北京：新华出版社，1989．

革休戚相关。西方新闻学是现代化的产物，最早形成于19世纪末20世纪初。1901年，“新闻学”一词首见于中文报章①，但直到民国前夕，国人对于“新闻有学乎”尚存疑，认为报社就是新闻人才的“养成所”。至1912年上海报业俱进会以“吾国报业之不发达……其最大原因，则为无专门之人才”②为由，号召组织报业学堂，培养报业专门人才。不难看出，此时新闻界亦将新闻学视为办报之“技”。至1918年邵飘萍为徐宝璜《新闻学》作序仍“窃叹我国新闻界人才之寥落，良由无人以新闻为一学科而研究之者”③。黄天鹏把1903年至1918年新闻学研究会建立之前的十余年视为中国新闻学的启蒙期。④

1918年，随着以启蒙为目标的新文化运动愈演愈烈，新思潮涌入国门，“新学”“西学”站在旧传统的对立面被学界关注，新闻学思想也不例外。作为公学之首和新文化运动中心的北京大学率先开办新闻学研究会，力证了“新闻学”存在的正当性；徐宝璜《新闻学》一书问世，成为中国新闻学理论的奠基之作。新闻学教育兴起，新闻学研究著作渐盛，待到北伐前夕，中国新闻学从学理上和实践上俱已建立起来。

新文化运动后期，马克思主义传入中国，资本主义文明逐渐“祛魅”。之后的大萧条使得西方国家的痼疾暴露无遗，曾经“理想之彼方”的西方报业也难以幸免。在这一时代背景下，如何建立“吾国之报业”成为新闻学研究的热点，围绕这一热点，一方面，关于中外新闻理论、新闻事业、新闻业务的著作日益涌现；另一方面，军阀对于激进言论的暴力摧残，又引发了新闻人对于言论自由的论争。20世纪20年代的中国新闻学呈现百家争鸣之势。

“在这言论自由纷争之际，也有若干论调，认为新闻纸不过是一种政治宣传的工具，在新闻学方面也唱过所谓社会主义的新闻理论，不过这种论调没有完成，当头的国难已把这种理论粉碎。”⑤“九一八”事变后，面对空前的民族危机，“国家至上、民族至上”成为国论，报业成为勾连与动员社会的渠道和网络，

---

① 梁启超．本馆第一百册祝辞并论报馆之责任及本馆之经历［J］．清议报，1901（100）：1-8．

② 戈公振．中国报学史［M］．上海：上海书店，1989：278．

③ 徐宝璜．新闻学［M］．长春：时代文艺出版社，2009：7．

④ 黄天鹏．四十年来中国新闻学之演进［M］//龙伟，任羽中，王晓安，何林，吴浩．民国新闻教育史料选辑．北京：北京大学出版社，2010：149．（以下征引本书时，一律简注为《民国新闻教育史料选辑》。）黄天鹏在此文中提出他对于1903年到战事结束的40余年间中国新闻学发展阶段的划分，原载《中国新闻学会年刊》第1期，1942年9月。

⑤ 黄天鹏．四十年来中国新闻学之演进［M］//民国新闻教育史料选辑．北京：北京大学出版社，2010：161．

致力于推动“舆论统一”。直到全面抗战中期之前，以战争宣传动员为主要研究目标的“战时新闻学”都是新闻学研究的热点。

1943—1949年中华人民共和国成立前夕，随着战争形势的转变，抗日战争已现胜利的曙光，中国新闻学人开始构想新闻业的未来。萨空了①于1943年开始着手书写《科学的新闻学概论》，旨在提醒新闻人应“鉴于美英的前车”②，避免报纸“为大财阀资本家所独占”③，“积极地设法使报纸成为大多数民众自己的相互报道消息、提供意见的工具”④。

二、中国新闻学是“西学东渐”的产物，中国早期新闻学人大多具备西学背景

“西学东渐”的内在精神是中体西用。在“用”的招牌下，西学大量涌入。中国新闻学直接引自日本和美国。首先，中国最早的新闻学译著分别为1903年商务印书馆编辑出版的松本君平的《新闻学》和1913年美国记者休曼著、史青编译的《实用新闻学》。前者成为中国新闻学的开端，而后者作为美国第一本新闻教育著作，“提供采访编辑各种实际问题的解决方案”⑤，也奠定了中国新闻人对于新闻教育之作用的基本构想。

早期中国新闻学人大多具备留美留日的求学背景。徐宝璜曾于美国密歇根大学修习经济学与新闻学，其《新闻学》（1919）的参考文献包括在美国出版的图书23种、在英国出版的图书7种，印证了时任北大校长蔡元培所言，“新闻学之取资，以美为最便矣”⑥。任白涛求学日本早稻田大学政治经济学系时，加入了《朝日新闻》名记者杉村楚人冠等筹建的“大日本新闻学会”⑦，《应用新闻学》

---

① 萨空了（1907—1988）四川成都人，蒙古族，笔名了了、艾秋飚，记者、主编、新闻学家。1927年任《北京晚报》《世界日报》编辑记者、《世界画报》总编辑。曾任教民国学院新闻系、北京新闻专科学校。1935年任上海《立报》副刊主编、总编辑兼经理。中华人民共和国成立后任中央人民政府新闻总署副署长兼新闻摄影局局长、出版总署副署长、全国政协副秘书长兼《人民政协报》总编辑等职。负责主编《中国大百科全书·新闻出版》卷，著有《科学的新闻学概论》《科学的艺术概论》《宣传心理研究》等。

② 萨空了．科学的新闻学概论［M］．香港：文化供应社，1946：36.

③ 萨空了．科学的新闻学概论［M］．香港：文化供应社，1946：36.

④ 萨空了．科学的新闻学概论［M］．香港：文化供应社，1946：36.

⑤ 黄天鹏．四十年来中国新闻学之演进［M］//龙伟，任羽中，王晓安，何林，吴浩．民国新闻教育史料选辑，北京：北京大学出版社，2010：157.

⑥ 邓绍根．中国新闻学的筚路蓝缕：北京大学新闻学研究会［M］．北京：清华大学出版社，2015：228.

⑦ 1915年《朝日新闻》的杉村楚人冠等在庆应义塾大学创办“新闻研究会”并讲授课程，后根据该讲义出版了《最近新闻纸学》（1918）。其时，杉村楚人冠还兼任“大日本新闻学会”的筹建者与学会新闻讲座讲师。

（1922）正是仿照杉村楚人冠《最近新闻纸学》一书体例所做。[①]邵飘萍的《实际应用新闻学》（1923）亦参考了《最近新闻纸学》。[②]杉村楚人冠深受美、德新闻思想熏陶，美、日、德的新闻思想因故才传到中国。

事实上，正是留美、留日学生群体的新闻学著述构建起了中国早期新闻学的基本框架。仅本丛书所涉国内著（编）者30人中，剔除资料不详者3人，有留学经历者共计15人。其中留美5人：徐宝璜、伍超、赵敏恒[③]、戈公振[④]、曹用先[⑤]；留日8人：吴定九[⑥]、邵飘萍、黄天鹏、任白涛、张友渔[⑦]、谢六逸、袁殊[⑧]、王文萱[⑨]；

① 周光明．近代新闻史论稿［M］．北京：社会科学文献出版社，2014：276．

② 方晓红．中国新闻简史［M］．南京：南京师范大学出版社，1996：122．

③ 赵敏恒（1904—1961），记者、新闻学教授。早年就读于清华大学，1923年起先后于美国科罗拉多大学文学院、密苏里大学新闻学院、哥伦比亚大学新闻学院攻读英国文学和新闻学，并获新闻学硕士学位。1925年起在纽约环球通讯社当编辑。1927年回国，在国民政府外交部情报处短暂工作后加入路透社。1945年10月任《新闻报》总编，兼任复旦大学新闻学教授。

④ 留学两个及两个以上国家的，按其留学的第一个国家计。

⑤ 曹用先，女，宁波人，天津南开大学社会科毕业。1926年与未婚夫查良鉴自南开大学毕业后，同赴密歇根大学留学，1930年在该校安娜堡完婚。硕士毕业后回国，曾就职于上海商务印书馆编辑所并任教于大夏大学，1949年与查赴台，1951年4月病逝于台湾。

⑥ 吴定九（1890—1930），名鼎，字定九，嘉定人。著名报人，《京报》元勋之一，著有《新闻事业经营法》。公派赴日本名古屋学习土木工程时，与在东京政法学校读书的邵飘萍成为密友。1923年9月，私立北京平民大学设立报学系，时任京报社经理的吴定九担任教授并讲授专业课程“新闻经营法”。

⑦ 张友渔（1898—1992），原名张象鼎，字友彝，又名张忧虞，山西灵石人。法学家、政治学家、新闻学家。先后求学于山西第一师范学校，国立北平法政大学法律系。1927年任《国民晚报》社长兼总编辑。同年加入中国共产党，任中共北平市委委员兼秘书长。1930年赴日留学。“九一八”事变后回国任《世界日报》主笔及燕京大学、中国大学、民国大学、中法大学、北平大学法商学院教授，讲授宪法学、劳动法学、新闻学和日本问题。1943年起在重庆任中共南方局文委秘书长、《新华日报》社论委员会委员、中共重庆工作委员会候补委员兼政策研究室副主任、《新华日报》代总编辑等职。

⑧ 袁殊（1911—1987），中共谍报人员、记者、新闻学者。早年赴日攻读新闻学、东洋史。曾创办上海自修大学并设新闻专科。1931年3月创办的《文艺新闻》，最早揭露了左联五烈士被害的消息。1932年任新声通讯社记者，经潘汉年引介加入共产党。1942年卧底敌伪报纸《新中国报》，1945年10月转移到苏北解放区；1949年调入中央情报部门。著《记者道》《学校新闻讲话》《新闻大王赫斯特》等书；译《新闻法制论》等。

⑨ 王文萱，曾留学日本，1930年5月翻译杉村广太郎的《新闻概论》。1942年国立社会教育学院新闻系成立，王文萱在该系教授新闻业务课程。1947年年初，李宗仁授意萧一山在北平创办《经世日报》作为喉舌，任命王文萱、蓝文澄两位教授为主笔。

旅欧2人为胡愈之和储玉坤[①]（详情见表）。这些涉足新闻学研究的归国留学生兼容并蓄，汲取美、日、德等国新闻理论和马克思主义新闻思想的精华，进行本土化改良，亦从侧面反映出中国新闻学的理论来源。

三、中国早期新闻学人往往兼新闻实践、新闻教育、新闻研究于一身

1918年，北京大学新闻学研究会成立，徐宝璜负责讲授新闻学知识。他结合自身从业经验，参考欧美新闻学书目，形成课程讲义；再结合讲课心得，不断完善新闻学理论。1919年，国人自撰的第一本新闻学专著《新闻学》最终成书。徐在自序中细陈写书修书之过程："新闻学乃近世青年学问之一种，尚在发育时期。余对于斯学，虽曾稍事涉猎，然并无系统之研究。客岁蔡校长设立新闻学研究会，命余主任其事，并兼任导师。余乃于暑假中，正式加以研究，就所得著《新闻学大意》一篇，以为开会后讲演之用。……开会后，余继续研究，加以会员之质疑问难，时有心得，遂将原稿加以修改，成第二次之稿……"[②]显然，"曾稍事涉猎"指其曾经担任《晨报》主笔的工作经历。早期中国新闻学人兼具从业经验和新闻学教学经验者多会总结实践经验、丰富新闻理论、著书立说、传道授业，这种情况并不鲜见。

从早期新闻学著作的作者（编者）身份来看：本丛书涉及国内著（编）者30人，除李公凡、刘元钊和鲁风三人身份不详，仅蒋国珍[③]、项士元[④]二人没有明确的新闻从业经验。而在这25人中，更有20人兼具从业经历与从教经历。新闻学人大多具有新闻从业经历，学术研究、传承活动与新闻实践密不可分（详

---

① 储玉坤，1912年生，江苏宜兴人，笔名雨君、储华。1937年中央政治学校大学部新闻学及国际政治专业毕业。1938年1月任《文汇报》编辑兼社论撰述者；1938年5月担任《文汇报》法国哈瓦斯分社编辑；抗战胜利后，任《文汇报》总主笔。1946年5月转任《申报》主笔和法国新闻社远东分社中文部主任，兼任中国新闻专科学校教务长和沪江大学新闻系教授。著有《现代新闻学概论》《第二次世界大战史》《美国经济》。

② 邓绍根，中国新闻学的筚路蓝缕［M］. 北京：清华大学出版社，2015：244.

③ 蒋国珍出生于1896年，江苏溧阳人，做过学生运动领袖、国民党党员、教育工作者、政府职员、银行经理。曾加入上海学生运动，代表上海全国各界联合会、全国学生联合会、上海各界联合会、学生联合会四团体发声。虞文俊认为其传世的《中国新闻发达史》翻译自日本人伊藤武雄的《中国新闻发达史》，即蒋国珍应为此书的译者而非著者。

④ 项士元（1887—1959），佛教居士、学者。原名元勋，号慈圆，又号石槎。浙江临海人，通日、英、德、梵、俄文，一生佛学著作等身。25岁毕业于杭州府中学堂，后办私立小学和赤城初级师范，兼任各校教师；捐资并赠书创办了临海图书馆。项士元长期辗转江浙等地从事教育、新闻和史志方面的研究工作。中华人民共和国成立后主持台州文管会，任浙江省文史馆馆员。所著《浙江新闻史》是中国最早的新闻史之一。

见表1[①])。

从新闻学著作本身来看，许多民国新闻学书籍正是新闻实践和新闻教育的直接产物：国人自撰的第一部新闻采访学专著——《实际应用新闻学》根据邵飘萍在北京大学新闻学研究会和平民大学新闻系的讲稿所著，《新闻学总论》一书则根据邵氏国立政法大学的新闻学讲义整理而成；周孝庵[②]根据自己在复旦大学的新闻学讲义编著了《最新实验新闻学》；郭步陶[③]的《本国新闻事业》是上海市私立申报新闻函授学校讲义之十一；而《新闻学的基础知识》本就是中美日报读讯会[④]为新闻学自修者所出版的教材《实用新闻学讲义》之一；储玉坤的《现代新闻学概论》则是专门为大学新闻理论教科书而编写的（详见表2）。

正是由于早期新闻学人兼新闻实践、新闻教育、新闻研究于一身，才能为理论教学与著述提供最鲜活的案例，促使新闻实践经验迅速融入新闻学理论研究。这是近代中国新闻学迅速发展的重要因素，对于当今的新闻学研究、新闻学教育工作也有重要启示。

本丛书编委会邀请相关领域资深专家进行研讨，认真甄选了书目，仔细进行了版本比较和甄别，从而保证了本丛书较高的学术权威性。

由于历史的局限，民国新闻学书籍的不足是明显的，如学术理论不成熟、部分话语和话题打上了深深的时代烙印等；又因书中涉及的新闻稿件写作于特定历史环境和历史年代，其表达方式不严谨亦不可避免。盖所选书目皆是历史文献，我们在审校中尽量保持其历史原貌，不做大的删改；对极个别对马克思

---

① 李秀云．留学生与中国新闻学［M］．天津：南开大学出版社，2009：239-251．本书中李秀云整理了民国期间从事新闻学研究的留学生44人，并分析其留学国别构成、专业构成、新闻实践经历、从教经历等。

② 周孝庵（1900—1973），佛教学者、律师、报人。松江府人。毕业于江苏省立第一商业学校。历任上海时事新报馆记者、编辑、主编，著《最新实验新闻学》。1928年秋被复旦大学聘为新闻学教授。曾于上海法政大学获法学学士学位，1930年兼律师。1932年主编上海《新闻报》“法律质疑”栏目、编著了《法律质疑汇编》。上海沦陷后，曾氏关闭了律师事务所，潜心佛学研究。

③ 郭步陶（1879—1962），原名成爽，后改名惜，字步陶。四川隆昌人。名记者、新闻研究者。1911—1917年任《申报》编辑，1917年任《新闻报》编辑主任、主笔。1930年任教于复旦大学新闻系。上海沦陷后赴香港，任职于《申报》（香港）、《星岛日报》；1939年创建中国新闻学院（香港）并任院长。抗战胜利后回沪任教于复旦大学、新中国学院。

④《中美日报》是“孤岛”时期的国民党报纸，为躲避日伪新闻检查，在美商罗斯福出版公司招牌下运作，副刊有《集纳》《堡垒》等。1938年11月创刊，1941年12月停刊，1945年8月复刊，次年4月终刊。总编先后为杨勋民、查修、詹文浒，总主笔周宪文，执笔者有储玉坤、章丹枫等。胡道静曾任英文编辑。报社读讯会为自修新闻学的读者出版了《实用新闻学讲义》，共计10种，对编辑术、采访术、评论作法、新闻写作、新闻学史、剪报工作等都有专篇论述。

主义、共产党等的不适当叙述已进行了删除处理。

本丛书规模较大，从策划项目、搜集资料、校订编纂到审稿成书，历时两年有余。这50本书可能并非本本经典，其中有些内容亦有重复、雷同之处，但瑕不掩瑜，它们对于研究中国新闻学功不可没，作为新闻史资料极具研究价值。感谢中国传媒大学出版社和安徽大学新闻传播学院诸位老师的辛勤付出，也希望读者在本丛书中能读出更丰富的内容，获得启发并更深入地思考。

丛书主编　芮必峰

2018年5月7日

附表：

表1　著者受教育、从业、从教及著述情况列表

序号	姓名	是否留学及留学国家	从业经历	从教经历	著作
1	徐宝璜	美国密歇根大学，经济学、新闻学	北京《晨报》主笔	北京大学新闻学研究会、北京平民大学新闻系	《新闻学》《新闻事业》
2	戈公振	1927年赴美国、日本考察新闻事业	首创《图画时报》、“上海新闻记者联合会”会长、《申报》总管理处设计处主任兼《申报星期画刊》主编	上海南方大学新闻系、上海国民大学新闻系、复旦大学新闻系、上海沪江大学商学院、上海民治新闻学院	《新闻学撮要》《中国报学史》《新闻学》
3	邵飘萍	东京政法学校	《汉民日报》主编、《时事新报》《申报》《时报》主笔、创办“北京新闻编译社”、《京报》社长	北京大学新闻学研究会、北京平民大学新闻系、国立法政大学	《实际应用新闻学》《新闻学总论》
4	吴定九	日本名古屋工业专门学校土木工程	主持《京报》	北京平民大学新闻系、国立法政大学	《新闻事业经营法》
5	谢六逸	日本早稻田大学东洋文学史	《立报》文艺副刊《言林》主编、《国民周刊》《趣味》周刊主编	复旦大学新闻系、申报新闻函授学校、国立社会教育学院新闻系、暨南大学新闻系、大夏大学新闻系	《实用新闻学》《国外新闻事业》《新闻储藏研究》
6	黄天鹏	日本早稻田大学新闻系硕士	在北平创刊《新闻学刊》并担任主编	复旦大学新闻系、上海沪江大学商学院新闻学科	《新闻文学概论》《中国新闻事业》《新闻学入门》《新闻学概要》
7	赵敏恒	美国科罗拉多大学文学院、密苏里大学新闻学院、哥伦比亚大学新闻学院攻读英国文学和新闻学，并获新闻学硕士学位	纽约环球通讯社编辑，后加入路透社。“九一八”事变后为美国国际新闻社、伦敦《每日电讯报》《朝日新闻》等供稿。1945年10月任《新闻报》总编辑	复旦大学新闻系、中央政治学校新闻系、暨南大学新闻系	《外人在华的新闻事业》

续表

序号	姓名	是否留学及留学国家	从业经历	从教经历	著作
8	周孝庵	无	历任上海时事新报馆记者、编辑、主编；主编《上海新闻报》“法律质疑”栏目	复旦大学新闻系、新闻大学函授科	《最新实验新闻学》
9	张友渔	1930年、1932年、1935年多次赴日学习新闻学、考察日本新闻事业	《世界日报》编辑、《大同晚报》总编辑、《国民晚报》社长、《泰晤士报》总编辑、《新华日报》社论委员	燕京大学新闻系、北平民国学院新闻系	《新闻之理论与现象》《日本新闻发达史》
10	袁殊	日本新闻专科学校、早稻田大学历史系	创办《文艺新闻》《译报》、新声通讯社记者	上海自修大学新闻专科	《记者道》《学校新闻讲话》《新闻大王赫斯特》《新闻法制论》（译）
11	胡愈之	1928年法国巴黎大学攻读国际法	《东方杂志》编辑、创办《公理日报》、哈瓦斯通讯社远东分社中文部编辑主任、主编新加坡《南洋商报》		《胡愈之出版文集》
12	储玉坤	留法	《新闻报》编辑、《文汇报》编辑、法国哈瓦斯通讯社中国分社编辑、《文汇报》总主笔、《申报》主笔、法国新闻社远东分社中文部主任	中国新闻专科学校、沪江大学新闻系、之江大学新闻系、致用大学新闻学系	《现代新闻学概论》
13	任白涛	日本早稻田大学政治经济学	创办中国新闻学社、《新湖北日报》总编辑		《应用新闻学》《综合新闻学》
14	曹用先	美国密歇根大学[①]	上海商务印书馆编辑所[②]	大夏大学[③]	《新闻学》

① 毛彦文. 往事［M］. 北京：商务印书馆，2012：28.

② 雪林. 一段值得介绍的婚姻（红藏·生活·第四卷第三十八期）［M］. 湘潭：湘潭大学出版社，2014：435-437.

③ 毛彦文. 往事［M］. 北京：商务印书馆，2012：28.

续表

序号	姓名	是否留学及留学国家	从业经历	从教经历	著作
15	王文萱	留日①	《经世日报》②	国立社会教育学院新闻系③	《新闻概论》（译）
16	伍超	留美 “攻读新闻科”④			《新闻学大纲》
17	郭步陶	无	《申报》编辑、《新闻报》编辑主任兼主笔、《申报》（香港）、《星岛日报》编辑	复旦大学新闻系、《申报》新闻函授学校、中国新闻学院（香港）、新中国学院	《本国新闻事业》
18	任毕明⑤	无	《民国日报》《时报》《快报》主笔、《大众日报》总编辑	香港中华新闻学院	《战时新闻学》《评论学十讲》
19	赵君豪⑥	无	《申报》副总编辑	上海商学院新闻专修科、复旦大学新闻系、上海法政学院新闻专修科	《中国近代之报业》《上海报人的奋斗》

① 杉村广太郎．新闻概论・黄序［M］．王文萱，译．上海：联合书店，1930．

② 冯国定．忆萧一山先生［M］//中国人民政治协商会议北京市委员会文史资料研究委员会文史资料选编（第43辑），北京：北京出版社，1992：104．

③ 苏州大学社会教育学院．峥嵘岁月（第三集）［M］．北京、上海、南京、苏州校会．1991：229．

④ 伍超．新闻学大纲・自序［M］．上海：商务印书馆，1925．

⑤ 任毕明，原名任大任，生于1904年，广东鹤山人。1925年在广西梧州创办《民国日报》，曾任《时报》《快报》主笔，主持过香港的《大众日报》。参与创办香港中华新闻学院，并任教。著作有《龙虎集》《风云集》《社会大学》《新社会大学》《战时新闻学》和《评论学十讲》等。

⑥ 赵君豪（1900—？）江苏兴化人。报人。“五四时期”求学于上海交通大学，经常给著名的《民国日报》副刊《觉悟》投稿，并与时任《觉悟》编辑的邵力子讨论种种社会改造问题。毕业后进入《申报》馆工作，抗战后任《申报》副总编辑。1929、1942年两度兼任复旦大学新闻系编辑教授；1930年兼任上海法政学院新闻专修科教授，讲授采访学；曾任《申报》新闻函授学校教授。1944年10月在重庆出版《上海报人的奋斗》。

续表

序号	姓名	是否留学及留学国家	从业经历	从教经历	著作
20	杜绍文①	无	杭州《民国日报》国际版编辑、《东南日报》《前线日报》主笔兼《新闻战线》周刊主编、《东南日报》总编辑、《文汇报》办公室主任	复旦大学新闻系	《新闻政策》《中国报人之路》《战时报学讲话》《国际新闻纵横谈》
21	胡道静②	无	《万有文库》编辑、上海通志馆编修、《通报》《中美日报》《大晚报》等报记者、编辑、撰稿人	上海法政学院新闻专修科	《上海新闻事业之史的发展》
22	张静庐	无	创办上海杂志公司并出任总经理		《中国的新闻记者与新闻纸》《中国近代出版史料》《中国现代出版史料》《中国出版史料》《在出版界二十年》
23	萨空了	无	《北京晚报》编辑记者、《世界日报》画刊编辑、《世界画报》总编辑、天津《大公报》艺术半月刊主编	民国学院新闻系、北京新闻专科学校	《科学的新闻学概论》

① 杜绍文（1909—？），又名杜超彬，广东澄海人。1927年入复旦大学中文学新闻组学习，1931年留校助教。后任杭州《民国日报》国际版编辑、资料室主任、浙江《东南日报》主笔。抗战期间主编浙江战时新闻学会会刊《战时记者》月刊，《国民日报》总编辑、社长；抗战胜利后任上海《前线日报》主笔兼《新闻战线》周刊主编。1946年至1951年间任复旦大学新闻系教授，1952年任上海《文汇报》记者、编委办公室主任。著有《新闻政策》《中国报人之路》《战时报学讲话》《国际新闻纵横谈》。

② 胡道静（1913—2003），安徽泾县人。1931年毕业于上海持志大学国语系。曾参加《万有文库》编辑和上海通志馆编修工作。“孤岛”时期坚守上海新闻界抗日宣传工作，任《通报》《中美日报》《大晚报》《密勒氏评论报》记者、编辑、撰稿人，同时在上海法政学院新闻专修科讲授新闻史课程，为共产党的抗日宣传培养新闻干部。1949年后历任中华书局上海编辑所编辑、上海人民出版社编审等。

续表

序号	姓名	是否留学及留学国家	从业经历	从教经历	著作
24	管照微[①]		复旦大学校刊编辑、1931 年兼任上海新闻社记者	兰州大学经济系	编《新闻学论集》
25	项士元				
26	蒋国珍	疑为《中国新闻发达史》的译者而非著者[②]			
28	李公凡	不详			
27	鲁风	不详			
28	刘元钊	不详			

① 管照微，高中就读于上海立达学园，曾与王济深、刘仲达、唐旭之等先后组织了“时潮社”和“立达剧团”。后进入复旦大学新闻系学习，与伍梦窗、林楚君、向浦、徐之津等加入了复旦大学“左联”，并负责复旦大学的校刊编辑工作。1933年12月21日因宣传左翼思想被捕，后任教于兰州大学经济系。

② 虞文俊是东亚中国新闻史研究第一人。《中国新闻发达史》译者蒋国珍初考［J］. 新闻界，2015（15）.

表2　书目

序号	年份	书名	作者	备注
1	1903	新闻学	〔日〕松本君平　著	
2	1913	实用新闻学	〔美〕休曼著　史青译	
3	1919.12	新闻学	徐宝璜①　著	北京大学 新闻研究会讲稿
4	1922.11	应用新闻学	任白涛②　著	
5	1923.8	实际应用新闻学	邵振青　著	北京平民大学、 国立法政大学讲义
6	1924.4	新闻事业	徐宝璜　胡愈之　著	
7	1924.6	新闻学总论	邵飘萍　著	
8	1925.1	新闻学大纲	伍超　著	
9	1925.2	新闻学撮要	戈公振③　编	
10	1927.9	中国新闻发达史	蒋国珍　著	
11	1927.11	中国报学史	戈公振　著	
12	1928.9	中国的新闻纸	张静庐　著	
13	1928.11	最新实验新闻学（上）	周孝庵　著	复旦大学新闻系
14	1928.11	最新实验新闻学（下）	周孝庵　著	复旦大学新闻系
15	1930.4	新闻事业经营法	吴定九　著	
16	1930.5	新闻概论	〔日〕杉村广太郎　著 王文萱　译	

① 徐宝璜，中国新闻学者、新闻教育家。1912年毕业于北京大学，后公费留美，于密歇根大学攻读经济学、新闻学。徐宝璜在美国密苏里大学受过系统的新闻学教育。

② 任白涛，笔名冷公、一碧，河南南阳人。1911年辛亥革命后，先后担任上海《民立报》《神州日报》《新闻报》驻河南特约通讯员，参加当地反袁活动。1916年留学日本，在早稻田大学攻读政治经济学，并加入了大日本新闻学会。

③ 戈公振所著的《中国报学史》最早由上海商务印书馆出版，是研究新闻学和我国新闻事业发展史的开山之作，国内外新闻界将之誉为中国首部新闻史学权威著作。任教上海国民大学期间，戈公振开始着手《中国报学史》一书的写作。在从事新闻工作之余，戈公振致力于新闻教育事业和新闻学研究工作，曾在上海国民大学、南方大学、大夏大学、复旦大学等校新闻系和杭州暑假报学讲习所讲授新闻学方面的课程，在新闻学研究上留下了许多著述。

续表

序号	年份	书名	作者	备注
17	1930.8	中国新闻事业（上）	黄天鹏[①] 著	
18	1930.8	中国新闻事业（下）	黄天鹏 著	
19	1930.8	新闻纸研究	〔日〕后藤武男 著 俞康德 译述	
20	1930.9	浙江新闻史（上）	项士元 编	
21	1930.9	浙江新闻史（下）	项士元 编	
22	1932.7	学校新闻讲话	袁殊 著	
23	1932.8	外人在华的新闻事业	赵敏恒 著	
24	1933.4	新闻学入门	黄天鹏 著	
25	1933.10	新闻学论集	管照微 编	复旦新闻学会丛书
26	1935	实用新闻学（上）	谢六逸[②] 编	申报新闻函授学校讲义之三
27	1935	实用新闻学（下）	谢六逸 编	申报新闻函授学校讲义之三
28	1934.1	新闻学	曹用先	
29	1934.2	新闻学概要	黄天鹏 编	复旦大学讲义、上海沪江大学新闻学专修科
30	1935	上海新闻事业之史的发展	胡道静 著	
31	1936.5	新闻学讲话	刘元钊 编著	

① 黄天鹏，字天鹏，别号天庐。1927年1月，他创办了我国首个新闻学刊（1929年扩改为《报学月刊》）并任主编；他是我国新闻学术史上最早研究新闻学之产生及发展史的学者，是我国具有新闻学术史观的第一人。他于1923年就读于北京平民大学报学系，1929年留学日本,修业新研究所,旋入早稻田大学新闻系。归国后出版了《新闻文学概论》《中国新闻事业》《新闻学入门》《新闻学概要》等十余本新闻学专著。

② 谢六逸，中国现代新闻教育事业的奠基者之一。著名的作家、翻译家、教授。1917年以公费生身份赴日就读于早稻田大学。1922年毕业归国，入商务印书馆工作。后历任神州女校教务主任及暨南大学、复旦大学、大夏大学教授。1930年任复旦大学中文系主任，并创设了后来闻名海内外的复旦大学新闻系，任主任。

续表

序号	年份	书名	作者	备注
32	1936	本国新闻事业	郭步陶 编著	申报新闻函授学校讲义十一
33	1936.6	新闻之理论与现象	张友渔 著	
34	1936.11	记者道	袁殊 著	
35	1937.7	现代新闻学概论	储玉坤 著	国民党政府唯一指定大学新闻理论教科书
36	1938.7	战时新闻学	任毕明 著	
37	1938.9	中国近代之报业（上）	赵君豪 著	
38	1938.9	中国近代之报业（下）	赵君豪 著	
39	1938.10	基础新闻学	李公凡 著	
40	1939.7	中国报人之路	杜绍文 著	
41	1940.4	新闻学	戈公振 著	1932 年完稿，另有 1947 年版
42	1941	新闻学的基础知识（上）	中美日报读讯会 编	中美日报读讯会实用新闻学讲义
43	1941	新闻学的基础知识（下）	中美日报读讯会 编	中美日报读讯会实用新闻学讲义
44	1941.7	综合新闻学 1	任白涛 著	
45	1941.7	综合新闻学 2	任白涛 著	
46	1941.7	综合新闻学 3	任白涛 著	
47	1944.9	新闻学	鲁风 著	新中国自修学院约稿
48	1946.6	科学的新闻学概论	萨空了 著	另有 1945.3 出版的署名艾秋飚的版本
49	1946.11	新闻史上的新时代	胡道静 著	
50	1947.12	新闻学的理论与实际	〔英〕斯蒂德 著 王季深 吴饮冰 译	上海文化函授学校读本

學校新聞講話

內　容

插　　圖

寫在袁著『學校新聞講話』的白頁上

大約是四五年前的事：我在西湖深山的寺中，看到S埠的×日報的副刊上，登有一個S埠印象記式的長篇的寫得很是清晰的文章，我就十分鄭重地把它的含有深刻批評意味的關於S埠的"報屁股"的一段剪下來保存住了。那篇文章題目下面的"……"的署名，也就同那篇文章一樣地清晰地，深刻地印入我的腦中了。不久我來到S埠，在一個藝術的集團中遇着一位短小精壯，年紀不過二十上下毫不認識的青年，他得悉我的姓名之後，居然向我問關於新聞學的事。我萬想不到在這麼一個藝術的集團中竟有對 Journalism 深感興趣的人！尤其出我意料的：他原來就是被我剪下一段的上述的印象記的作者啊。尤其出我意料的意料的，他竟然想離開這個藝術的集團往三島去修習新聞學。從空話到實行，沒有多時，我便接到他自三島發來的同我討論新聞學的通信。——又過半年多，他便回國，據說是經濟能力不允許他再繼續下去；但是我看他帶回的新聞學書，就量上說，已經很是可觀了。不單止此，他除寫了一小本"現代新聞學"的原稿，還有許多關於新聞學的短稿；經我介紹給老友W君所編的雜誌一兩篇，隨後他便陸續地在諸處發表；給一九三一年份的中國的新聞學界造了不少的新紀錄。此人是誰？就是本書的著者！

過去一年多的本書著者的主要工作，是週刊"文藝新聞"。這也是出身於藝術團體中的 Journalism 者能做而且應做的工作。這張文藝界的小刊物，它的內面的精神和外表的技術，雖然都不無缺點，但就大體上說，總算給中國新聞事業的這塊荒土上造成了一個很好的園地；尤其是它的標題技術，可以說是盡現代新聞標題的能事，實在有做典型的現代新聞標題的價值，這些都是有人皆知，有目共見的事，用不着我來多說。單說一件別人不大知道的事，就是他曾約我共同地給中國新聞學界做個綜合的介紹工作—編一部新聞學叢書——的事；

這事終於在落了時代的伍其實根本上就沒有進入時代的伍——的出版界，覓不到接受之人；同時我也因爲已經開始了一種叢書的編譯工作，而他的精力也一大半集注到“文新”上，所以這個重要的介紹工作，只好化整爲零地隨便地做了。然而好像生來就具有新聞學天聰的他，竟能在百忙中，在極端的期間，寫或譯出好多篇——尤其是本書中的各篇——的重要的論文。而我的關於新聞學的工作，只蒐集些斷片的材料；不幸這些材料的大部分又都爲“一二八”之役而犧牲！

★

這部書的原稿有好幾篇在未發表前我都曾一度入目，現在著者又把全部校樣拏來叫我看，我覺得除有一半個字句要修正外，很少更動的可能。單就這本書的編輯技術上說，也差不多算是達到美滿的境地。關於學校新聞的理論和實際的書物，尤其是能夠站到時代前面的書物，像這本書，不但在中國是處女出版，恐怕即在外國也不很多吧？一般光知道"坐冷板凳，讀死書"（見頁一八〇）的學生……效無恥小報玩弄娼妓的法術出『壁報』以玩弄女同學的學生（詳見"中國學校新聞片記"）……在毫無教授資格的"教授"們的無形的利刃之下受着任意宰割的學生……被野心家當作未來走狗養育的學生……讀了這本書，必定能夠在苦痛，沉悶，無聊，將死，可憐……的雰圍氛中得着點爽快的清氣，得着個再生的救星吧！

★

但是不講內容單就學校新聞的經營上說，中國的學生確比歐美或日本的學生艱難萬倍。即如美國，它本是個新聞學國，所以他們的學校新聞的規模，可以達到在地下室裝設輪轉機的程度（見頁一〇〇）。日本呢？雖然在創辦學校新聞的經濟上，只能勉力脫外套去當（見頁七七——七八），但在編輯技術上，他們可不必費多大的心思，因為他們的新聞學知識業已差不多普遍，尤其是有大小各種的刊物可資取法，所以對於這一層，沒有多大關題。講到中國，經濟一層，或不致而且也決不肯當去外套，但在技術——編輯技術和印刷技術——上，因爲新聞學知識太不普遍，所以這一層實在是差得不能說；而要想找個刊物做模型，也是至不容易（不算"文新"）。寫到這裏，想起一段故事和感想：去年夏天某大學"新聞學系"的"大教授"W"同道"到我的寓所談及他授的教務；我問他可曾領大學生到報館去見習，他說有一次領大學生到某報館參觀，大學生一走進地下室的輪轉機房，多連呼"齷齪來西"而退出，爲的是怕機械弄污了整潔的西裝（參照頁一七六）。唉，像這樣的大學生，怎配修習新聞學，怎會創辦良好的學校新聞呢？修習新聞學，要是只會在紙面上用功夫，不入機械室做工作，這同修習建築學只學繪圖不到作場是一樣的。要知道僅長於文筆而不懂實際技能的新聞記者，在現代已經算是落伍者數中的人，已經算是過時的貨色了。比如本書的著者，他所以對新聞學具有強烈的意識和相當的技能，他幼年的七個月的排字學徒（見頁一六四）對他的賜與實在是大啊！——————據那個印刷所的經理C君告我：那時候他在工餘之暇就已經會寫文章發表了。——再就根本上說中國的教育制度，若是不趕快改『學習』爲『勞作』（勞作制度的好處，詳見我編譯的『改造中的歐美教育』；此事上年南京政府教育部也曾下過命令，但終未見有實行者），這種奇怪的『布爾』習氣——少爺習氣——是斷乎除不掉的，怎能夠希望內容和外表都充實，完美的學校新聞的出現呢？創辦學校新聞，要是不做實際工作，光知道編輯——把稿子胡亂地黏連到一起——發給『手民』去排，這樣的學校新聞的功效是很少的；必定由學生親手去排，親手去印，這才能學校新聞的實效。

★

再說幾句要緊的話：著者主張現代學生須讀現代新聞；但是我們的"現代新聞"可在那裏？不盡都是"時代的尾巴（見頁一六九），不盡都是在新的進路的口子上豎立着的「此路不通」的路牌子"

（見頁一六九），不盡都是"愚蠢的順從着……忠實做着統治者的附庸的奴隸"（見頁一七四）嗎？這種報紙，在上了不知多少次數的當的我們看時，雖然心中存着萬分的警戒，仍是免不了要繼續上當，何況不曾經歷過世事的天眞的學生？這個問題的責任是在我們的身上負担着，就是我們應積極地使眞正可以稱做"現代新聞"的報紙出現於中國的新聞市場；同時，我們應努力提倡現代的新聞教育：這種教育的目的，當然要使學生明白新聞紙的性質及其編輯經營之法；最低限度的眼前的臨時目標，也要使一般"現代學生"知道在沒有眞正"現代新聞"的今日，可用怎樣的方法去讀非現代的新聞。舉個淺近的例子：比方在現代中國一般的時代落伍者的報紙上滿望着日帝國主義者的虛僞宣傳的電報，無非盡是從"日聯"和"電通"這兩個妖魔通信社發出的；至少初中的學生不但不知道"日聯"和"電通"的歷史，就連"日聯"是"日本聯合通信社"，"電通"是"日本電報通信社"的簡稱，他們恐怕也不知道。至於中國的報紙爲什麼要替帝國主義宣傳，他們更是不會知道。我們的主持教育者縱然不用專書，至少也應當在教科書中加入一課或數課，使他們知道這些事情。尤其是使他們知道這些電報通信社所報的消息，盡是些反宣傳性質的謠言——也可以稱做妖言。所以要想在它的裏面得着眞實消息，必須要從反面觀察；若是從它的正面觀察，那一定要上它的虛僞宣傳的大當，——這種事例很多，不必備舉。但中國的一般人所以一再地上了它的大當者，都是現在的中國還沒有眞可以稱爲新聞教育的教育的證明。又如中國的報紙上長年登載着數不盡的欺騙的廣告，更應使學生們知道中國的報紙爲什麼要登載這些欺騙的廣告，以及中國的都市爲什麼有這樣多的欺騙的商人，——這一類的事例，更是說不勝說。在施行這種消極的新聞教育之間，更應使學生知道這種消極的方法的不可永久繼續下去，必須要使一向站在時代後面的報紙逐漸變成站在時代前面的報紙。這種受過基礎訓練的學生，長大之後當然有做"現代的"新聞記者的可能，那末眞正的"現代的"報紙自然是會產生的。——目下高中都加上"醫學常識"一個課程，這是很重要的事；這麼一來，將來的成人可以不致再受不正當的醫生的欺騙了。但比這更重要的，就是"新聞學常識"這個課程；加上了這個課程，現在的學生乃至將來的成人是都可以避免不正當的報紙的欺騙的。

★

最後還有要聲明的；我同本書著者的關係完全如本文開首所述；換言之，我和他完全是具有新聞學的同好的朋友。他叫我給這本書作序的意思，照他的"後記"中所說，也完全是因爲他同我有過如本文開首所述的一段學問上的姻緣；而我所以樂爲他作序的意思，更不待說了。總而言之，這篇序文的寫作，完全是站在極公平的，客觀的學問的立場，是不含有何種偏見的。又，我的研究新聞學的態度，早已在"應用新聞學"的自序中鄭重申明過；

過去是這樣，現在還是這樣，未來恐怕仍是這樣。再說本書著者的態度，他也曾數番聲明過他完全是個站在"集納"的立場的"集納"主義者；這是很好的態度；我希望他永不改變這種態度。

白濤一九三二年八月三日

學校新聞講話

一、新聞之社會的存在與學生的關係

題目，寫定了是"學校新聞講話"，在我們還沒開始說到學校新聞之先，必須要先將新聞之社會的存在與學生讀者的特殊的關係說明。因爲學生在社會所處的地位是特殊的。把這一點列在前面，就當作本文的緒論。

一　News的定義

所謂"新聞"，卽是英文中的News。什麼是News呢？這實在是一個很難解答的質問。在過去，許多新聞學者及有名的記者們，對於這問題實際的答案，常是在苦心努力的探求。從事於新聞事業的人的生活，也即可以把這"什麼是News？"的話，來作他們自身的表徵。一個敏捷伶俐的記者，他在習慣的工作上，會直覺的有"什麼是News"的知覺；這自然是要依據豐富的經驗與才能的。然而我們現在是在文字上，要把它加以直接的說明；還是祇能找出經過了許多新聞學者的研究，和許多新聞事業的從事者的傳播的那幾個成例；即是：

News 是報道讀者們所要知道的一切。

人們所要讀的，都是 News，但須限於善良的趣味的標準與不犯誹譏之法則的。

News，報道人們互相傳告着的事件；若是對讀者的解釋而能使其受更多的刺激的，則它的價值也更大了。

News 是報道：對於人們有興味的事件，乃至思想上的根本的事實；並給予：對人們的生活及幸福以影響的。

依据這以上的答案，所謂 News 的本質的定義，我們可以看明了：

第一　必須給與讀者興味；

第二　一切含有興味的被傳聞的事件；

第三　新的，通用於一般的，適於時宜的。

更把這些歸納起來，對於News的定義，卽可得着簡括的總結，就是：「新聞是把時宜的報道，給與羣衆以興味；而最良的新聞，是給最大多數人最大的興味。

二　新聞之給智識於社會

確定的明瞭了News的定義。現在，就要對新聞之實質的任務，加以考查。

已經說過，News報道之意義的第一重要性，是傳達一切新聞。社會所不知道的，和必須要知道的事實，報告了出來；而從這報道裏，就同時給社會以知識了。在遠距離的，被祕密着的，或者被限制着的；將其經過新聞的製作過程，傳達到每個社會人——讀者的直接經驗的近距離內來。或者在同時也於最迅速的時間中把一切傳達到遠距離去。使每個社會人把包藏的範圍與視野，盡量的擴大；或者形成新智識的盛旺的要求。所以，必要的供給智識於社會，是新聞的一個最重大的任務：社會人每天朝夕都接觸報紙，從新聞的報道上，得能使其各個明白自己在社會裏存在的位置；同時大家又都能知道自己所存在的社會的現狀，以及動向。這樣：每個人都可根據這由新聞所明白知道的一切，而來確定自己一切活動的根據。乃至定奪進取的方向。

新聞第一重大的目的，是從News的報道傳給社會以智識。同時在他方面，還給與對於News 的批判。這批判雖不是新聞的第一要義，但給與社會，却是和報道有同一程度重要的實際問題。而且，讀者還更能由批判而取得再批判的結論。

從對社會供給智識這一點說，新聞就是一座大規模的社會文化的大學，活的社會的活的大學教育！學校教育，是在特定的時間，把特定的學科，向特定的學生施以教授。而新聞則是向不特定的學生——廣大社會——，在不特定的時間，教授一切不特定的問題。學校示人以學理時，新聞則告人以實際，講說我們現在的社會以代說過去的社會；而且在現代，更供與社會人的活動以必要的經驗智識與資料，在此，顯示了新聞之社會教育的偉大機能。亦卽是新聞之重大的任務與效果。所以某新聞學者曾說：

"新聞是沒有畢業期限的學校。"

三　現代新聞之社會的存在

在現代，假如我們要問：新聞之社會的價值是什麼？對於這質問的解答，與其從學理上去說明，還不如先從實際問題着想；——假如新聞在現在的社會裏消滅了，社會又該是怎樣的狀態？這就是最直截的總的說明了。

新聞在現在社會裏消滅了的事實，在外國過去都有許多實例。這裏無須一一的去找出那些資料；事實是，假如說新聞是眞的消失了，那社會就立刻黑暗了；而且立刻有停滯一切流動的可能。就比譬的把上海來作假定的說，若是各大報的印刷工人，忽然爲了某種問題——即如增加工資或者反抗壓迫；全體舉行同盟罷工。再或者是所有的報館都抵制無理的新聞檢查而同盟休刊。到了這種場合，請大家設想那時上海的社會，將要形成怎樣的狀態？而影響到其他各地甚至全國，又是怎樣？無疑的，我們大家是都要陷落在沒有太陽的世界裏去了！我們的耳與眼也許都會因此而失去本能的作用；將窒息着而不能活動吧。

尤其，在這資本主義的經濟制度所維持社會的組織下；一切都形成了極度的複雜與矛盾。人與人的關係，絕不能像往古時代那麼的單純：某人的問題，不是某人自己一個人的問題；直接間接牠會牽聯到許多的人；這時，某人的問題，就是社會的問題了。這一切的社會問題的傳達和表揚，其唯一的依靠是新聞•政治，祗有解決問題的權能;而且是沒有使問題得着各種客觀的見地的裕餘。但是新聞，却是報道問題（或事件）的起因、眞象、變動、結局；並且根据歷史的經驗、目前的情況、大衆的趨向，等等；再給歸納的敍說，定以正確公道的評論。這卽是有代表社會的權威，和操縱社會的力量；所以，新聞在現代的地位，是已超於政治之上了。

總之，社會不能一日停頓一切的前進與變動；新聞是不能有一時間的消失。

新聞之社會的存在，是最堅定的。尤其是對新的時代的改進，及新的社會之長成。

四　學生與新聞

青年在讀書的時期裏是學生；待到走出了學校門之後，就是社會上各種活動的社會人了。在讀書的期間內，學生生活就是努力於將來的社會生活的準備。前面講過：“學校教人以學理，新聞告人以實際。”學生都將學理體驗到實際上去，這就是從實驗室、圖書館、和課堂出發，向市場、工廠、乃至法院與衙門去，在這當中先構成一條交流的輕便的路線。

構成這條路線的是什麼？

——新聞。

新聞的對象，是廣大的社會，社會裏生活着的各階級的羣衆。隨時把“不特定的問題”，傳達給“不特定的讀者”；學生讀者在這不特定的讀者大衆之內，是居於特殊性質與特殊地位的，新聞報道的一切事象，對其他階級的讀者，給與濃厚的興味，及近距離的影響。對於學生讀者影響，倒是較遠距離的，但却是邀得最深切的關係。

學生在研究着學理的靜在中，由新聞報道所得的社會事象之種種，能夠使我們——學生讀者留下較長久的深刻的印象；再在印象裏加上自己的意識的判斷、思想的觀察、學理的分析、羅輯的推論；於是得了一個整一的系統的結論，這作用，是叫我們能握住實生活的核心，於求學的輔導，也能得很大的實際的效能。

然而，這仍祇是對於一般的學生讀者的。在學生讀者羣，還有更特殊的意義的：是對於一部分有興趣於新聞企業的，或專門研習新聞學的。對於新聞，那是有更親近的關係。——對於新聞有興趣的學生，當他們展開新聞於眼前時，他們能看出社會文化光明的來處，他們能找着新聞之更前進的動向；而且，他們更能判別及認識現代新聞的善惡及其墮落與不長進！

二　學校新聞的意義及目的

這裏應該特別指出，所謂學校新聞，不是說學校的新聞教育。新聞教育，是學校特定的學科，在特定的時間中向學生教授的。學校新聞，則是由學生本身主動的，在學校社會裏的新聞事業。雖然學校新聞與新聞教育不能相提並論；但從學理向實際："新聞"則是同一的；所以，又應當特別的指出，學校新聞與學校的新聞教育，在關係上，有特別的聯繫。在先確定了這界說，以下，我們進而特別的論列學校新聞的意義及其目的。

一 學校新聞的發生

學校，在整個的社會組織裏，佔着一個極重要的地位。在學校本身的存在看來，牠是具有各種部分組織的一個學習準備的社會；是整個社會組織裏特殊的學校社會。一切學術的研究與創發，是學校社會的重要生活，發展並訓練學生健全的力能，是牠生活的目的：學生之在學校，即是學校社會的社會人。

社會因爲有各種相互的複雜生活，於是有了新聞，記錄這生活的一切現象，表白社會進化的足跡，並爲全體的社會人的活動作爲流動的總的"仲介機關"。新聞學者說："新聞是現代人日常生活的精神食糧。"由這種新聞之社會存在，卽可表現了學校新聞在學校社會裏所必要發生的條件了。

學生在學校中，有各種社團的組織，有各種活動。卽如我們走到任何一個學校裏去，我們可以在宿舍走廊前和集會場所的佈告板上，看見形形色色的佈告和招貼；這是什麼？——假如，我們把這些形形色色的招貼和佈告，總聚起來，加以整理，加以編輯，經過印刷，就變成學校新聞；在每個學生面前開展着閱讀着了。

所以，學校新聞的發生，是爲：

A，表現學校生活的一切事象；

B，代表學生們的活動與意嚮；

C，……………………

——如新聞之社會的發生與存在一般。

二 學校新聞存在的價值

新聞工作任務主要的，是：報導與批判。

社會發生的一切事象，直接可由新聞的報導，而間接的能在讀者從客觀的事實與主觀的見地，通過影印的作用，而得批判的結果。

這批判，無論其爲學理的、行爲的、思想的、乃至於遊戲的；不論是屬於正面抑或反面；祇要出發於個人而達於集團——社會；這都能形成一個力量。

學校新聞的發生，既如上述。那末，學校新聞存在的價值，也卽据此而明其意義了。

並且，學生之在學校，是將來社會人之在社會的一個準備；所以一切研究是固定的，而一切活動則皆可有變更與改進的可能。假如既成爲社會的份子，則對於在社會的一切活動，都是做過卽過去了，卽使有錯誤，也祇能後悔，祇能得着經驗的教訓；而很少能有從新改進的餘地。因爲，社會的活動卽是自己的事業。事業是肯定了的。

由之，學校新聞就可以供給學生對社會活動的一個實際的實習。報導與批判，就是一切經驗教訓獲得的來源。

三 學校新聞的目的

學校爲什麼要有新聞？在上面，已敍說了這一個問題的解答。但是在學校新聞的動機上，這裏更試說其目的：

由社會沒有了新聞的狀態，及社會需要新聞的事實這層理由，是可以證明所以有學校新聞的必要：社會上的大新聞，是整個社會的全部縮影；學校有了新聞，是整個學校的全部縮影。所以，

A, 怎樣把學校表現於社會？

——固然，學校表現於社會的，有畢業了的學生可以作成績的代表。但這裏所說的表現，為指學校在固定的時間，固定的階段，一切的建樹，一切的動作…；隨時使社會上關心於學校者可得明瞭。因為新聞是有時間性的。

B, 怎樣使學生知道學校？

——這也不是說因學校新聞有時載了學校章程的事。是說，要學生都知道自己所在學校的實況。要學生知道自己的學校生活的實況，要學生知道學生活動以及學校前進的程度。

——為把學校的現狀隨時使社會明瞭；為使學生隨時知道學校的，自己的生活；這是學校新聞的目的之一。

其次，在中國的各大學裏，新聞學有的已被成

立專門學科了。

新聞學系的學生，就是未來的新聞事業的工作者；他們在學校裏，除了習讀新聞學的書籍或講義，乃至報館實習及剪貼工作等之外，還有一個小型的新聞社的組織，以供給他們實際的研究。自然，在沒有新聞學系的學校裏，以及不是新聞學系裏的，有志於新聞事業的學生，也可以參與。總之，學校新聞的目的之二，是爲有志於從事新聞事業的學生。

三、學校新聞的經營與製作

學校新聞在實際的經營與製作上，是不能各個學校都相同的。可以各個依自己學校的情況而決定。這裏所要寫出的，是以一般的而說的。

再，因爲新聞的範圍很廣大，所以關於學校新聞的種類，也先講一講。但我所側重的仍然是指日常出版的或定期較短的新聞。

一 學校新聞的類別

在 Journalism 上說，一切定期的出版、發行的期刊，內容帶有時間性與報告性質的；都可稱作"新聞"。學校普通出版的期刊，我們可以稱之爲學校新聞的，大概有下列幾種類別：

A，屬于學校當局經辦的——

季刊、彙刊、週刊、年報、日報，……

B，屬於學生方面經辦的——

級刊、三日刊、週刊、校友會刊、壁報、窗報、月報、臨時新聞、日報……

如上所列的，學校當局所經辦的，也有學生方面參加。在中國各大學裏，南開、清華、燕京、北大、都辦有定期週刊；復旦有五日刊，從前勞働和中央有日刊；其他各中學也有許多同類的學校新聞出版。

二　學校新聞的經營者

現在，我們開始對於學校新聞經營的研究。第一，就是學校新聞的經營者這問題了。這就是學校新聞應該屬於學校當局呢？還是屬於學生？——以新聞學系爲主要中心呢？那沒有新聞學專科的學校又怎樣？關於這些，是可分爲兩種來講：

A，在有新聞學專科的學校，是應當以新聞學系的學生爲中心；並容納不屬於新聞學系而有志於新聞的別科的同學參加。同時，不僅是新聞學系的其他的教授乃至學校職員校工等，都可共同致力於這工作。組織學校報館，經營學校新聞。

B，在沒有新聞學專科的學校，應由學生會的出版部發起組織學校報館，報館內工作人員則不限於學生會的職員，在此種場合，我並主張學校報館是一個獨立機關；絕不是屬於學生會或者學校當局的權力所管轄。

C' 新聞學專科，在現在中小學還沒有這種設置的規定；但中小學校的新聞，可以依照B項所說的方法。

學校新聞的經營者，就是在學校裏一切的人，祇要有興趣與志向都可參加工作；但這工作必須是有限的人數，所以首先還是各個依自己學校不同的情況，第一步產生出學校報館的責任人員。猶如普通報社的董事會或股東會一樣，學校報館的責任人員的最高組織，或者卽名之爲“報務委員會”，在頭上加上某某學校的名稱。負担新聞經營上的總責。

三　學校新聞的經濟問題

新聞事業，在資本主義經濟制度的現社會，是形成了一種資本的企業，也有投資、股份，營利等如其他商業的經營一樣。這樣是存在了許多矛盾與錯誤的；不過，這與本文無關，我們不必從及。但這也正說明了新聞的經營：是要經濟——要錢的。所以學校新聞如不能解決經濟問題，也就不能談到其他了。

普通社會上的大新聞，是以投資爲基金，其次就依賴廣告的收入，及讀者的報費而存續而營利的。這在學校新聞就不可能的，因爲如若學校新聞也“商品化”，那就勢必要在一切走到相反的路上去了。而且事實上根本學校新聞沒有營利的可能，也沒有投資的財主。

然而，學校新聞的經濟問題又如何解決？

關於這問題，我以爲：在籌備出版之初，可以舉行基金募款。——新聞經營是必要有基本蓄儲，不然，不但不能希其發展；而且一遇挫折就不能存續的。——然後再規定經常的收支預算，向學校當局要求經常的津貼。既是學校新聞工作人員就是義務的；稿件也沒有稿費的支出（給以其他的相當報酬與作者。）這樣再加廣告與報費的收入，於是易於成事了。學校當局的津貼，在理上是正當的；但有時或會受到相當的控制，例如新聞上刊載了與學校當局責任者不利的記事，或者遇着學生對學校當局有了鬪爭而新聞則側重於學生方面，或者學校當局因出了錢而要限制新聞的言論，如果遇到這類情形，學校當局的津貼，就有斷絕支給的可能。所以爲求報館在學校地位的完全獨立；最好學校新聞的經營者能使經濟自立。雖然這是"理論"上的話。

四　學校報館的組織

在前面“學校新聞的經營者”一項內，已提出了學校報館組織的最高幹部。這種報務委員會的職責，祇是對報館的經營與管理，關於館內的工作部門，是須再有系統的組織，各學校可以依自己的情況作切實的規定，這裏，且列出綱領的圖表如下：

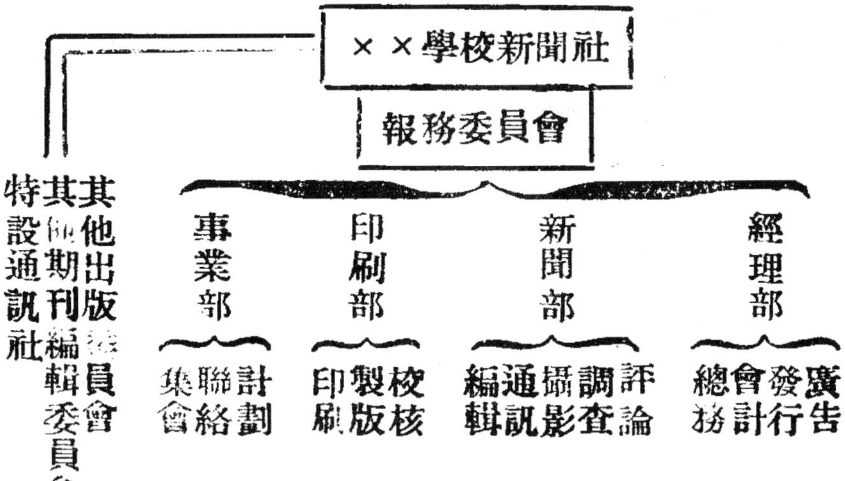

這樣一幅簡表，其中的部門的增減；可以依各個需要的不同而酌定，中學和小學，更可作再簡的組織。

因爲要使參加工作者多有些機會，同時並爲學生要"求學"的時間打算；所以這裏不設置總主筆或編輯部長，社長或總經理等集攬職責於少數人的組織。而且職責集攬於少數人的組織，常有形成"權力"的流弊。

一切社團的組織，都應該周密；尤其是新聞社，更應該精密緊湊，每一個都要貢獻其努力於新聞，沒有一名的閑人或冗員。中國的既成報館，常有陷在官僚制度的狀態中，失意的政客甚至流氓，時時担着報館的顧問或記者的職分，而其實不作實際的工作。這現象，在性質不同的學校新聞社裏，自然不會有。但學校新聞，還須更進而研究嚴固組織的問題，而擴大工作效率。組織問題，也即是分子與人材的問題。在學校新聞的工作者，我還以爲每人固定工作時間不必太久，如可能，最好一月能輪流一次，使全體的有志者，都有實驗的方便；與發展其天才、經驗、新的見地的機會。同時，也不必固定工作的部分。如這月在編輯部的工作者，下月可以輪到印刷部，或再下月輪到經理部。使大家都能得到全部報館的知能及經驗。總之，新聞社的組織，要如一架印刷的輪轉機的組織一樣，彼此相互啣接着、呼應着、緊張的、敏捷的、活潑的致力於工作。每人都有工作的興趣、每人都有良好的成績、使新聞被展閱在讀者的眼前，能發生眞實的新聞效果。

五 學校新聞的內容

學校新聞的內容又怎樣呢？卽是說，學校新聞的報面要做到怎樣的標準？更分開說：

新聞的成分如何？

文字的質量如何？

論說的價值如何？

意識、思想的表現如何？

這許多，與其說是內容的問題；不如說是工作者的問題。工作者的工作之成就，卽是新聞內容的完成；新聞印刷發行之後，卽是新聞任務的完成。所以，學校新聞的內容，就如對政治消息應載多少，社會消息應載多少，本校新聞應載多少，……等等。依我的見地，是：學校新聞對於政治的記事，是要依据大報或外國文報紙的記載，作簡括而有系統的復述。社會新聞如果在學校近處所發生的事件，則直接由自己的記者去採訪；不然務須注意到學生讀者（自己的同學）的心理及要求，並注意事件與學生讀者的關係（的生活距離）。本校新聞自然是直接與讀者有最近距離的關係，如運動比賽、如學術講演、如校務會議、如某教授的態度不好、如某同學對學問有特別發現，等等；都須以適宜的記載，審慎的考查，嚴謹的文句作成爲最良的新聞內容。自然，新聞是供給讀者的需要，但讀者不正當的需要，與低劣趣味的欲求或傾向，就不能完全追隨讀者，而卻棄却新聞的本身立場與意義。

舉一個列，在中國現在的大學裏，常有在女同學之中選出一位皇后來的這種事件。這對於全校都是有很大興趣的，於學校新聞當然是最好的材料了；甚至還可以由新聞社的事業部來舉辦這種選舉事務。那末在事先的預告消息，以及有被選資格人物的預測，後來選舉的情形與結果，再後是刊載皇后的玉照，乃至記者訪皇后的談話等等。這都是應有盡有的工作。但是新聞爲其本身存在的價值，却絕不能疏忽的附和大衆，應當加以批判，扼要的由評論記者撰述論說；第一批評大學選舉皇后風尚的由來及其動機的正當與否；第二說明在本校選舉的意義與目的；最後更論評選舉的經過及現象，被選中者的優劣；一一加以剖解，一一加以正當的批評，無討好或侮辱於被選中的人，不得惡感於讀者，要公正光明的表現了新聞的客觀態度。

再如果學校發生罷課的風潮，新聞應處在客觀的地方上，作廣大的動員，不存絲毫的偏私，在眞理爲「新聞」而努力，這就不但是對於大衆有莫大的出力，而且本身也能得到好的成果。

說到內容，有許多是稿件製作的技術問題。新聞的內容：是新聞的生命、報紙的腑臟；要正確的表達"公正光明"的新聞意識。新聞固爲讀者而生存，新聞更須要爲讀者而不失自己的價值；這裏雖不是談的新聞"倫理化"。

六 學校新聞製作技術的特點

學校新聞的製作，要分出製稿、編輯、印刷三種來講。因爲在技術的原則上，大抵仍都與一般新聞的製作相同，所以這裏僅是指出牠每種的特點。分別的說——

A，製稿：這卽是新聞稿件的製作，是直接影響讀者的。往往有許多平淡的材料，因爲製稿技術的高明，可以使其成爲極佳的新聞；反之，好的材料，若沒有好的製稿技術，也可以把"新聞價值"埋沒了去的。學校新聞在製稿技術上的特點，是除了要貫澈新聞之"五W條件"之外，

——What（事件之性質）；Who（事件的人物）；Whare（發生事件的所在），When（時間）；Why（原因事由）。——

再要備下列的幾要點：

1. 切忌呆板體裁的塡入寫敍：如新聞常有性質類別相同的事件，不必祇以同樣的詞句與方式而僅寫其時間、地點、人物的不同的記述寫作；這是極易減少讀者的新聞興味的。

II. 須簡捷扼要：學校新聞的篇幅大抵都是有限的，讀者也常不會有寬裕的時間來閱讀；所以

愈是內容複雜的記事，愈要注意避免長鋪直敍的寫述；而亦必須表現出其複雜的關係。

III, 活潑流暢的造句修辭：因爲學校新聞的讀者是學生，是不必與一般新聞樣的要顧到讀者的了解力而不甚研究辭句；學校新聞則不妨在這上面注意些。使記事有精采，乃至使之"戲曲化"或者"詩化"。……然而，我的意思不說要在報上作四六駢驪或八股。

B, 編輯：直接主宰新聞內容的，是編輯的責任。要使新聞內容充實有力，編輯的技術之研究，是必要的。現時上海的幾大新聞紙，在編輯的表現上，除了其中的一二勉強可看之外，大部祇不過是加上標題(並不好)或句點的工夫而已。

學校新聞的編輯，除了依着一般的編輯上的法則去創發以外，其特點是：

1. 材料與篇幅的適當配置；把新聞稿件蒐集了之後，計算各種稿件質與量的成分：卽如政治消息佔全篇幅的幾分之幾；學藝記事的較重要的區別。

在決定之前，要想到學生讀者的傾向，然後加以精密的配置。關於標題，也是根据於此點。不忘記學校新聞的特殊意義，就會向着"怎樣才被讀者歡迎"的努力：而更注意避免對讀者不正當的迎合。

II，論說和文字的重要：學生讀者對於新聞評論的愛讀，是比社會其他階級讀者，要一致而且深切。不但理論如是，事實亦且如是：

> 据作者個人調查，北方學生幾乎一致的歡迎大公報，而上海學生也以訂時事新報的比較多。固然這兩種報還不能稱爲代表輿論。在時代的趨勢上也距離很遠；然而牠能受學生讀者的歡迎，卽是證明評論與報紙的功効；而且大公報還附有各種副刊。

所以，學校新聞的編輯，應當重視這評論與一切學術的專著，不僅是評論記者所撰的稿，更應當廣大的徵求讀者的評論，和一切的文字；要使他每日都不可缺，而每日也都"好"。但這有了篇幅的問題，須由編者對來稿的"量"上有相當的限制，並在別的稿件上經濟篇幅。卽如紀念週的演說報告，就不必全刊；

——某大學的日刊，每週刊出紀念週的報告佔去全篇的三分之一乃至二分之一，是從前我所見到的。不過那是由學校方面所發行。也許算不得學校新聞吧？

卽使要刊，也可用摘要的方法。另外，編輯部還要舉行定期的徵文，或者徵求對於某事件的大衆意見。這是要重視的。

III，轉載新聞之一實例：對於轉載新聞，一般的新聞紙都可以無多加增減，而學校新聞則必須要加以增減。譬如同文書院發生罷課風潮，假如別學校的學校新聞社沒有直接派記者去採訪，那末就要從大報上轉載：這消息現在是登在十一月廿六日時事新報的“教育欄”裏，如下：

同文罷課風潮

同文專院中日兩部學生反對當局無理措施罷課風潮、據悉連日以來、仍無解決消息、本埠和字報、如每日新聞等、對學生亦率有好意的表示、前日日生方面、經該校滬友同窗會出而調停、職員七人中、六人同情學生、華生方面、則各校後援代表會通知改期、罷課後、所組的宣傳糾察等隊亦經常分任校內外工作、聞風潮起因除開除郭王爲導火線外、實由於該校平素對學生壓抑過甚、如禁辦民衆夜校、加徵學宿費、鉗制學生要求改良校務言論等云、

依照這記事，次日別學校所出版的學校新聞，在第一版上，就應當有如下的轉載：

△同△文△罷△課△在△急△進△中△

日本同學已獲得校友的同情
中華同學亦開始組織的動員

學校無理壓迫：——同學爲讀書自由鬥爭!!!

反對帝國主義文化侵略

日本帝國主義在華文化侵略的機關之一的同文書院，華日兩部學生，日前爲反抗該校當局之無理壓迫，以罷課手段作讀書自由的鬭爭，近日正在急進中。

中華同學 方面，已經各校組織後援代表會，（本校亦已參加，出席代表爲××兩君。）予以全力援助，並經通知改期，罷課後所組織的宣傳組織等隊：亦已經分任校內外工作 作廣大的組織的動員。

日本同學 方面，雖經該校校友同窗會出任調停，但職員七人，有六人同情罷課。

事件之起因 此次實由該校當局壓抑過甚，如禁辦平民夜校，加徵學宿費，掯製學生要求改良校務之言論等等。而郭王同學之被除名，僅其導火線耳。但現雖尚無解決消息，而

本埠輿論 如日文每日新聞等，對同學鬭爭頗表相當好意，一般人士爲反對日本帝國主義 之文化侵略，率皆寄與同情，以爲該校同學精神之助。

這是和原來記事有增加的，但增加並不冗長，而對讀者却醒目得多。若以呆板的轉載，則讀者早已見之於時事新報了。

Ⅲ. 政治消息的複述：學校新聞對政治記載，不必盡如大報的特別重視，乃至政界的起居行動都記出詳細的時間來的。這可以把較重要的用複述方法登出，其次的用款條的簡報，但有特別新聞價値的，也不妨摘要刊出。再舉例於下：

甲●例如某報刊出『英商考察團將來滬』新聞一則，內容是該團已到日本。大阪商工會主席爲此發表了短文一篇：說明日英美都要在華擴張市場。學校新聞卽可據此作簡要的複述。並摘錄短文之一部。卽成了『列强帝國主義對華野心的口供』之大標題。及『英商考察團將來滬。日人吃醋』之小標題的新聞一則。

乙● 簡述的就是在大報擇其重要者，每條以一二句話報出。例如『張學良在國府講演，說：「戰爭是痛苦」』亦卽可作一簡報了。

丙● 例如『南京市長之婚禮』這新聞，在學校新聞是沒有刊出的必要。但這新聞內有『市長爲夫人購絲襪一雙，値國幣25元云。』只就一點，就可以登了。因爲『25元一雙的襪』是有特別的新聞價值了。新聞價值愈好，讀者愈廣大的歡迎。

C，印刷：以中國現在所有學校的現況看，能辦學校新聞而又有獨立的自己的印刷工廠的，恐怕還沒有。在外國，大一點的學校有很多是有自己的印刷機關的。但，學校新聞的印刷，無論其是否有無自己的印刷工場；而在型式：排版上也是有值得特為一說：

I. 型式：學校新聞型式以怎樣為最好，是要加以考量的。普通假如是日刊，多以小報——即一張紙的四開，大報的一半——大小；假如是週刊或更長期些的，多是十六開的大小而加以裝訂的。但這不是呆訂的法則，須待經營者合理的規定，並須預算，每期的新聞篇幅多少、廣告篇幅多少、以及印工和紙價等等的條件；而且還注意到美觀。以及便於存儲與裝訂合本的問題。

II. 排版：新聞的排版，現在是被研究着。即如：字體、標題、如何運用便可美觀；新聞如何排列，可以便於讀者的閱覽；便於剪貼；可以減省篇幅的浪費；這些。都須由經營者在事前有大體的規劃，而在每次印刷時，須有專人責任的管理與製作同時，學校新聞如載有長篇連登的文字，如預備載完後出版單行本的，在排版上也須有一定的格。式，以備打紙版，在出版時可以省却重新排字版的費用與時間。

至於，沒有力量印刷的；可以用大的複寫機油印，或更由新聞社的印刷部謄寫幾大張 出版貼佈在特設新聞的看板上。

七 通訊網與發行網的設置

關於通訊，原也是新聞經營的一部，而且是極重要的。但亦因為它的重要，現在已成為獨立的經營，這是因其需要的廣大而使然的。在學校新聞的經營，為完成它的雛形組織，可在學校報館之外，再設立通訊社，專門的致力新聞探訪以供給報館。但牠不必有單獨複雜的事務組織，祇要在通訊的任務上負責努力。即是設立一個完全的通信網。

學校新聞的通訊社，對於通訊網的設置，分在內與在外兩種，即是學校以內的與學校以外的兩個大的經緯，匯集而散在的作新聞的流動。表其組成的網形如下：

XX學校新聞社

- 報務委員會
  - 報館
    - 新聞部
- 特設通訊網
  - 分佈校內的網線
    - 各院系科級的通訊員
    - 各宿舍的通訊員
    - 各團體的通訊寄稿
    - 運動場、學校會特約記者
    - 學校行政機關的特約記者
    - …… ……
  - 校外的聯絡網線
    - 別學校新聞社的交換通訊
    - 各大報的約特交換通訊
    - 教育機關的特約通訊
    - 畢業校友特約、自由寄稿
    - 學校附近鎮市或鄉村的遊巡記者

註：此為擬表；在實際工作時，可以適宜更新的配佈。

這表，依所擬定的網線看，假如每處亂有佈置，都能被組織的幹部調動指揮，那末學校新聞的新聞流動，是會極充實而且敏活。而且，如果每處的通訊員和記者都有工作興趣，這通訊網是實際上能獲得好的成果的。

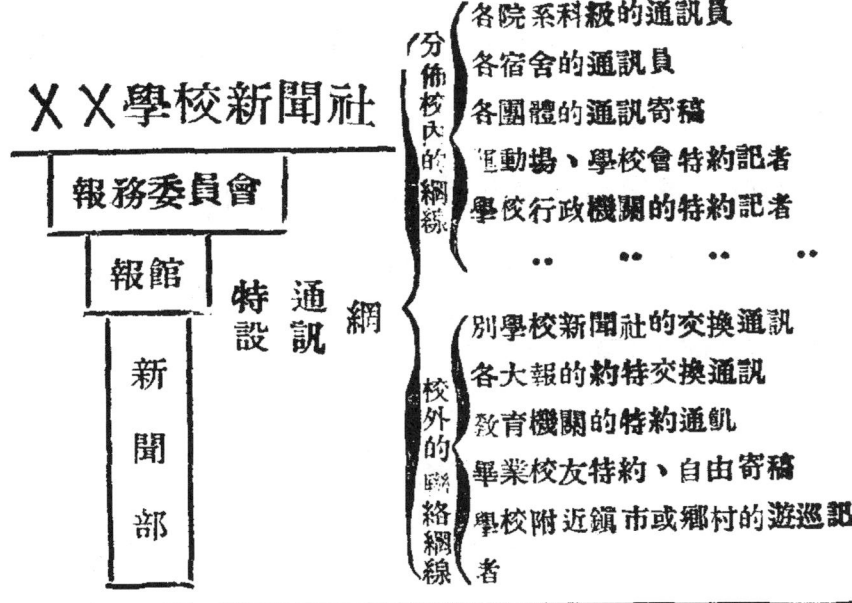

再說發行，其最主要的任務是：極迅急敏速的使讀者在新聞出版後，能很快的見着報。同時並推廣銷行，及收受報費。近代的新聞企業，對於發行的報紙運輸，多有新的研究；如航空運送到外地，本地直接分送等，也是設立發行的網線。學校新聞雖然是在固定的學校以內，但也是可以設立這種發行網，使報紙配達沒有錯誤，能在限定的時間內把報完全送出給讀者。並在中心的交通場合，設立臨時購賣處，便於非長訂的讀者。

八　其他的新聞活動

所謂其他的新聞活動，就是指新聞社事業部的工作。新聞事業部設立的目的，是以新聞社會存在的立場，以新聞的力量經辦各種公共事業。是在報章以外，更特定而實在爲大衆服務。牠的範圍是很廣泛的。

學校新聞的事業部，牠主要的工作任務是集會，聯絡和計劃：

這裏的計劃，是不但對於自己新聞的前途發展謀企劃；同時並能幫助促成其他一般的事業的創辦之籌備；祇要受了社會團體或大衆的委托，認爲這事是有意義的，而同時新聞的力量確可以助其成，即可給社會作一個中心的指導的機關。例如，學校有一部同學，要發起旅行，但是沒有中心的機會可以討論關於旅行的一切準備；而這種事情又沒有特別另行組織一集議機關的必要。於是就可以此委托新聞社的事業部，請其爲作一詳細的籌劃，如時間、地址、日程、需用、游覽、交通、及一切關於旅行的計劃；並請以新聞社作後援。事業部接受這委托之後，一面公佈發起人的提議，一面公佈旅行計劃再徵求參加者，待籌備就緒之後，並隨即參與進行以及出發的指導。類於此種，所以有的新聞社也有這計劃工作，稱之爲事業部的指導工作。

新聞在社會的存在上，給社會上一般的人有流動、交替、傳達種種的便利。實際爲大衆作這種種便利的勞役。事業部就有聯絡工作的必要了。例如，五卅慘案發生以後，全市工人罷工，各處都舉行維持這罷工的救濟募捐，這是臨時發生的事件，學校團體當然事先沒有專門的組織；那末事業部就可以新聞社的名義，組織後援的團體，負担校內外的聯絡，並代收捐款匯送給總的責任組織去。再如聯絡本校球隊，舉行特別比賽，也是臨時爲着某種目的的。不屬於其他一切的團體的公共事業，無論是受委托或者出於自動，新聞社事業部都有工作的義務。聯絡工作是含有組織工作的性質；要在一定的目的上運用得適宜。

事業部的集會工作，也是以新聞社的名義作其他團體的後援，或者自動的來主辦。譬如新聞社發起舉行學術講演；或利用某種時機爲某種目的舉行集會，例如，學校文學院的同學，有幾個文藝團體的組織，他們各個的文藝理論都不相同。平日互相批評研究甚至筆戰得很劇烈；同時又極被一般熱心的人所注意。新聞在某一個時機中，就可聯絡各團體派別推舉代表，公開講演或公開辯論；這不但能提高愛好者的興趣，並且使愛好者能在這集會工作上，得着實際的見解和進益。其他如主持音樂演奏會及劇團公演等；亦都是事業部可作的集會工作。但須是，有一定的時機與相當的目的。

四、結　論

新聞學在中國的長成，是最近的事情；雖然以前就有人從事於這學術的研究，但那時很少引起注意。最近，漸漸已有集體的研究。學校新聞，在外國很早就極發達，而在現在的中國，好像還是在開始的時期中。我對本文的寫作，是一時被一種鼓勵和興念的促動而成，病中急忙提筆，看來不免有龐雜之感。

讀者假如感到興趣，願意提出問題來研究，我極歡迎！再，我更希望對新聞有興趣的同學們，能夠在你們各個的學校裏做起實際的活動來，為學校生活，為自己，這都是必須的。

27,11,1930；上海。

（本文刊中學生第一期。）

學校新聞的編輯與經營

上：編輯論

·····

下：經營論

學校新聞的編輯與經營

在"學校新聞講話"之後；這裏，再譯述野澤隆一君的"學生新聞論"的最後的兩節，參加了些自己的意見，來專論學校新聞的編輯與經營。現在中國各學校有規模的創辦學校新聞的，還是很少；在不久之後，我想，在學校內發行的屬於學生的報紙，一定將普遍的發展起來。因爲學校是學生的社會，在那社會裏也正如一般社會人之在這大社會裏一樣，需要一種連繫彼此生活，反映自己的行爲活動，供給智識與慰安精神的機關；這機關就是報紙。所以在學校社會裏，必然的要產生學校新聞的。本文，祇是關於從事學校新聞技術的部份的提示。

上：編輯論

一　編輯之組織

便宜於編輯組織的：是編輯者，編輯主體，及編緝室。

現在學校新聞的編輯者，全部都是學生。年青的學生們，總常是清新與潑剌的；所以表現於紙面的新聞，常是生氣勃勃的，新鮮的。有人說大凡新聞，都是要知道明日而忘却昨日的議論；學校新聞在技術上，永久地由青年學生之手來製作，是頗有成效的。但在反面說，具有相當高度的批判力之讀者，是智識階級；其於幼稚之整理與文章是否能滿足？學校新聞從青年學生之手所製作，是否能永久的繁榮發展？怎樣的惹起或吸引牠所有的讀者？這是要相當的成爲問題的。所以學校新聞，就是在技術上，仍須與 Journalism 的時代潮流同進而不可落後。這，就是以下的課題了。

所謂編輯主體，要之，即爲學生要依於如何的機關而編輯的問題。現在的學校新聞是屬於獨立的新聞社呢？還是新聞研究會呢？或者又是屬於成爲校友會之一部的新聞部呢？這三者之中，是必屬其一的。所謂“言論自由，第一先從“經營之獨立始”，故應歸新聞社或新聞研究會維持的。假如成爲校友會之一部；雖有預算能保障其損失的便宜；但是牠的代價也難免要接受校友會當事者無理的干預，恰如機關報樣的，到底是期望不到言論之完全的獨立。倘使不能做到如大衆所期望的自主獨立，眞的言論機關的使命，是不能得其成果的。

編輯室是在校內還是在校外呢？在理自然是在學校內的；但在校外也未嘗不可。從前早稻田學校新聞，是曾經在校外發行的。在校外處於自由的立場發行，比較蟠居在小天地之內如溫室之花樣的校內所發行的新聞，有着很大的堂皇的精神。但讀者必是限於與學校有關係者；在此現狀下，校外發行是否必要，甚且是否有利？這是疑問。在中國，現在各大學的學校新聞，尚還沒有達到在校外發行出版的程度；如美國的大學新聞（College paper），是也把學校附近的一般市民作爲對象的，所以學校新聞也是可以在學校外面出版發行的。

二 編輯之主張

成爲所謂“大學”的特殊社會之“心的交通機關”而發生了的，是這學校新聞。如要說學校新聞的使命是什麼，那末就是：研究新聞，報告消息，及學生思想之交換。但必須有固定的主張，以合於輿論構成之諸條件。假如是以在校內發行爲前提的，這也仍然是在學校當局者責任之內；尤其新聞是爲公共而存在，那更有重視的理由。但，如前所述：因爲新聞是言論機關，爲要充分的發揮牠的機能，在編輯上就必須要獨立自主。同時因在學校當局者責任之內，無論什麼時候，因爲學校是研究學問的府堂，是自由的讀書的園地；所以也必須要給予學校新聞以最大限度的自由。這樣，方可以使青年們的理想，能得在紙面上充分的表現。假如近時，學校當局者與學生之間常處於對立的地位，有交換思想之責任的學校新聞，對此又將取何種態度呢？這是複雜的問題。

例如，日本早稻田大學在罷課期中，學校新聞就在會長的命令下中止發行，這是一例。又如明治大學新聞，正確的報告騷動事件而發揮新聞在非常時期所必要的機能；這亦是一例。其他純然處於反當局的態度的也很多的可以看到。這現象，牠的是與非，假若從什麼是學校的目的這方面來看，則不祇是新聞的問題了。這是現在社會整個的矛盾現象的一部分。學校新聞的編輯者，爲要解決這一問題，就必須先對社會的動態及一切都有明確的認識，其次就是本身要有社會思想的立場。這樣，他在筆下可生出正確的批判；可以運用新聞的意識，建立起編輯的主張。

三 編輯的方法

學校新聞的編輯方法，與普通新聞的編輯方法是沒有特殊差異的。但所謂學校新聞，是一種特殊的新聞；因爲牠一般的都是週刊或三日刊•五日刊，所以，我們必要分別的加以考察。

第一，被限於 News 之範圍的：卽是在其所在學校的學生所持的興味(Interest)以爲學校新聞的 News 的，例如，關於學業之探討；關於教授；關於學校運動、校內的各種事象、學校的生活、以及就職問題等；或者一般學生所共同關心的一切。由於一個學生而起的事情，雖或可以成爲社會的相當大的事件，而在其所屬學校的學校新聞上，不能作爲 News 的，也是很多的。例如，以某學生爲中心的，自殺了或者結婚了等，在社會上或許可以成爲 News 的事件，但在身處於學生身份的人，反倒不感到Interest，不能作爲學校新聞的News。

其次，週刊或者發行時期的距離較遠的學校新聞，若是單祇有News是不可能的。況且日刊新聞也是不能僅只以news載滿全報的；其他的讀物如新聞小說、連載論文、批評等之刊載，也是必要的。倘使是週刊，更必要的具備着大部分雜誌的色彩，那就論文或其他的讀物，是不可缺少的。學校新聞，有了運動記事、文學創作、學術研究、或關於時事的論文等，佔着相當的報面，那就是一份整齊完美的新聞。所以這類學生大衆的讀物，是絕對不能從時代的潮流上落伍下來的，以其學校爲中心，不感到沒有日刊的缺乏；也不遲於月刊雜誌；要進到這程度，週刊是很可能的。在這兒，必須要以其學校爲中心，不失去其所屬學校的閫雰氣：換言之，如關於運動的批評，以其所在學校爲事件之主體，而批評的內容，則必須及於一般的，牽涉到一般的運動批評，把別的運動成績引作爲比較的左證。這樣，如果發揮了週刊讀物的特色；那與學校關係以外的第三者，也就具備了閱讀的興味與欲求了。學校新聞要否向校外去擴張，去獲得學校關係第三者的讀者，負責的編輯人就要在這處運用權宜與方便。

學校新聞的讀者，大都是學生或其先輩或後輩的智識階級，他們的程度也都是同水準高的；所以學校新聞的編輯，應是『適應於讀者的編輯』；從這意義說：感情的與簡明解說的，是比較理智的與理論的，要爲讀者所歡迎。其他關於照像製版與印刷等，也應該分別的加以研究；例如標題之製作與活字之研究等，這都是編輯技術上的題案。自己沒有印刷工場的學校新聞，其研究與實際，雖很難得一致；但我們倘能由這些問題而感到興味，那末「在各種事物上的細心的體驗」，這是一個 Journalist 於自己技術之養成上，絕不可疏忽的一點。

下：經營論

一，經營之獨立

言論機關的第一要件，是自主獨立。爲此，經營的獨立，是必要的先決條件。學校新聞雖不是以營利爲目的，但自供自給的經費，自然仍必須要能維持的。倘若從別的機關取受了補助，就必然的會接受別的機關的控制；是喪失了新聞的好的結果。現在的學校新聞，大都還是從學校或者校友會方面取得補助，否則就處於不能維持的狀態。這在學校新聞之前途，是有很大的遺憾。若使是一般的日刊新聞，(這大部份是營利主義。)可以得到較多的收入；不必要受津貼便易成爲美善的新聞；這在報的精神保持了獨立自主，自不待言。卽使是學校新聞，也不能改變這理論：能夠有相當的經費，可以支出相當的稿費，那末一起始就可產生美善的新聞。然而，這不是一朝一夕就可以達到的；爲這，關係的工作者必須要有長時期的犧牲。

二 廣告問題

學校新聞的廣告，在日本先祇限於學校附近的文具店、喫茶店、小戲院、洋服店等與學生生活距離最近的小商業機關。但近來，則大部份依賴於各書店的書籍與新刊的廣告了。這是顯著的進步；也是新聞之向外發展的表現。日刊第一版都載滿了書籍廣告的，這是東京各新聞的傾向；所以日本的學校新聞，現在也大部把第一版全面專登書籍廣告了。從爲讀者的見地看來，四版的新聞佔去了一版廣告，這還有相當的疑問也未可知。這種重視廣告的傾向，是堪注目的。在最初，廣告主頗以此爲煩厭，最近則都有相當的預算了。而且他們（廣告主）對學校新聞的廣告比對普通的新聞更重視。這種專爲學校新聞兜攬廣告的事，在現在已成爲獨立的一種專門職業。而廣告在新聞經營的組織中也是現實的，商業的工作；這在學校的學生常是不能注以全力的。所以學校新聞的廣告，除了直接來刊載的之外，其他可以委託通訊社或專營廣告的機關代辦。但是，中國（尤其上海。）專營廣告職業的人，或這些人所組織的經營廣告的機關，往往是沒有信實。爲防止這些欺騙，所以學校新聞負廣告責任的工作者，假如採用這方法，就必要在事先作各種事實的考察。

廣告的收入與賣報的收入，能對立而有成效，這在新聞經營的原則上是絕對歡迎的事。假使廣告太多了，這又必須注意到報面的調和。倘使說，"廣告也是新聞——news"，這樣堅牢的維持在報面上時，那就要變成了純粹營利的報了。換言之：在學校新聞上，淋病的、技藝娛樂的、穢褻的性的方面的、等等低級趣味的廣告，必須毫不容情的排斥。因學校新聞到底是生存在學校的社會內，雖然爲了報的經營，這些廣告可以得着收入；但爲避除矛盾或遺害，這收入的計算，可以不必要。

三　發行販賣

發行販賣的價目，一份新聞的定價，假定定價三分，那末印刷、製版、紙張等加算起來實費了二分四厘；則所餘僅六厘了；還有編輯費用與配送等的費用；那末印使印刷　萬份而銷行了　萬份，則總共也不過是六十元，將這些用於出一份報的本身消費之外的開支，是絕對不夠的；何況還有作稿者的報酬，也是一件須列於預算之內的支出。而且，以現在中國各學校的現況看，學校新聞能出版到一萬份的，實是很少很少。假如更要擴充篇幅，增加版數，那就更不得不依賴廣告的收入了。所以學校新聞，完全依賴賣報收入來維持，這是極困難的事實。

關於發行：在學校以內，可以試做自由販賣的方法，即在學校內各處交通的中心點，安放一個販賣箱，待讀者取了報紙後自動的將報費投入箱內。這是訴於公德心的頗有趣的學校新聞的發行方法。其他，如在學校附近的各商店也可以安置寄賣處。爲要使學校新聞擴充到社會裏去，更可以在市內各書店裏安置或其他學校的相當處所，組設較廣大的發行網。這種工作，要看負發行責任者，是否靈活敏捷，能利用環境與機會來充實他的任務；而且使他的工作得到有意義的成果。

——總之，學校新聞的任何部門的工作者，都必須要靈活敏捷的利用環境與機會。志願於新聞事業者，在學校新聞的工作裏，是最好的實驗與鍛練的時期。

本文，祇是提出關於新聞的各項問題的綱目，我們必須在事實裏，去找求詳盡的答覆與結果。

一九三一，六，一四。上海。

日本的學校新聞

一、前言

二、最近各學校新聞之現狀類別

三、學校新聞之讀者・編輯・立場

四、學校新聞之發達與受難史略

五、結語

日本的學校新聞

一　前言

在日本，各大學之有學校新聞的出現，是最近的事。在十年以前，過着學生生活的人們，在他的社會裏會產生這種言論機關，也許是連想像都沒有的吧。被稱爲世界第三位的『活字文化』之氾濫，在日本社會到處播殖了Journalism的種子；由是給予熱心於同盟行動(Strike！風潮或罷課)，社會科學研究，辯論及有潑刺之輿論的學生們。於是在各大學裏，就產生了非但不同於德或英；卽與美國的學校新聞傾向也全然相異的『日本學校新聞』。現在，日本全國各大學，差不多是無校不有這種學校新聞了。總計連專門學校，高等學校一起，其數已是五十有餘；這是很值得驚異的。而且，這些在各個學校社會裏，成了唯一的言論機關，在繼續的發達着：如一國政治當局之注視普通新聞紙一樣，大學的當事者亦已不得不以新的眼光，注視學校新聞。因爲，牠同樣的是輿論的反映。

日本的學校新聞現在是具有怎樣的形態呢？是處於怎樣的地位以發行着的呢？在這裏，且觀察其現狀吧。

二　最近各學校新聞之現況•類別

在日本的大學之中，有學校新聞的是東京、京都、九州、東北，北海道五帝國大學，以及東京商大、神戶商大、東京工大、大阪工大、千葉醫大、京都府立醫大，東京文理大等十二校；京城、台北兩大學雖也有出版學校新聞的計劃，但因殖民地的原故所以總沒有被許可實行。高等學校發行學校新聞的，是一高、七高、弘泉、浦和、淞江、東京、府立、成城，台北等九校；高知、三高、水戶、大阪等校也在準備着；但是在昭和五年六月的所謂高等學校校長會議，曾決定今後不許新發行學校新聞的方針，所以有因爲沒有得着正式的許可而被犧牲的。在專門學校，桐生、横浜、神戶各高工，山口、横浜，松山各高商，其他如東亞同文書院、京城醫專，台北高商等也都有學校新聞的發行。

至於在私立的學校，有學校新聞的，如慶應、早稻田、明治、法政、立教、日本、專修、中央、國學院、同志社、東洋、慈惠醫大、龍谷、關西、立正、駒譯、東京農業、高野山等；數起來是網羅了主要的全國的私立大學。祇有大谷大學的學校新聞是在昭和五年投入於春同大學之糾紛的漩渦中，失去了經營組織而解散了。這裏可以記錄的，是早稻田學生新聞，與左翼派所計劃的現在的，週刊早稻田大學新聞；是一校裏對立着的兩個新聞。其他的專門學校如明治學院、關西學院、大倉高商等。以及女學方面的名古屋的櫻花女學校，與日本女子大學的家庭週報等三四種女子學校新聞；也是可以一併加入學校新聞之分類裏去。

這五十有餘的學校新聞，姑勿論其內容；若就外形上看，是否全部一樣的呢？決不是的。在這些裏面，是有千差萬別的：有非常進步的，也有極爲幼稚的。從型式上說，所謂日報式的 Blanket 型的，（這都是印刷的關係），占着多數。以四半頁的 Tabloid 型的有十三種。在高等校學所發行的，多傾向於小型。至於頁數普通的大抵是四頁。六頁的有四種，八頁的則僅一種。

發行的回數分週刊、隔週、旬刊、月二回，不定期等。其中以月刊爲最多，佔數二十八種；每月二次發行的十一；不定期的有五；最進步的週刊現在僅僅有三種。每天發行日刊，是一種也沒有的。

倘要看以上所分類的學校新聞的列舉，則如次：——

帝國大學新聞（東京）	週刊	八頁
明治大學駿台新報	週刊	四頁

週刊早稻田大學新聞	週刊	四頁
京都帝國大學新聞	月二回	六頁
一橋新聞（東京商大）	月二回	六頁
三田新聞（慶應）	月二回	四頁
日本大學新聞	月二回	四頁
工業大學藏前新聞	隔週	四頁
北海道帝國大學新聞	月二回	四頁
九州大學新聞（九州帝大）	月二回	四頁
中央大學新聞	月二回	四頁
龍谷大學新聞	月二回	四頁
橫濱學工時報	月二回	四頁
國學院大學新聞	月二回	四頁
東高時報（東京高校）	隔週	四頁（小型）
向陵時報（一高）	月二回	四頁（小型）

大抵都如上所列，其他則都不過是每月發行一回的月刊。

三　學校新聞之讀者·編輯·立場

學校新聞，因其如前所述，是在學校中發行出版，讀者就是以其學校的學生爲主體。但其學校的前輩，在大學豫科與高等學校的生徒等，也當然是它的對象。由是從數量上去看，先輩比高等學校的生徒有較多數的讀者；也是其發行部數，能得到數萬的原故；這一點是值得特筆的。但是，在這裏一定的界限，就是學校新聞在其學校，對於全然無關係的讀者之獲得這事，於性質上，仍然是非常困難的。各學校新聞都以「能有若干讀者？」當爲有興味的問題。若報据其學校的學生數及先輩之數等加以判別，是不會不正確的吧？所以學校新聞智的水準之高度，不待說，是必須要舉出那所謂把握讀者的特徵來。

學校新聞的編輯，當然是學生在校內編輯的。然而要經着如何的徑路，以怎樣的方法來編輯呢？這大體是對新聞有趣味的、研究着新聞的若干人，集合多數組織新聞學會或學友會之新聞部，或新聞社；這就是編輯發行的主體了。

最先在學校內創設編輯室，以其爲中心，聯絡着各研究生、各研究所、事務室、各學會、各種集會，運動各部等在校內的機關；對此舉行新聞的採訪，在一定的時日中集稿，加以編輯；其組織雖然很小，但與普通新聞並無變異。在校內張佈着限於學校的“通訊網”。一方面對於記事與廣告也漸次要的重視，特別是關於書籍的廣告，以比較的廉價發賣於學校，從先輩們過去的經驗，要使廣告主方面樂於利用這機關的宣傳。這廣告雖也可以依托於學生之手，但對方（廣告主）是校外的，因此要向外去招攬；若要爲此設專門的部門，則儘可委托通訊社去辦。

新聞與廣告的原稿，整理就緒，便送往印刷所去。因學校新聞資金之缺少，自備印刷所的很少見，大多要在普通印刷所印刷，照像之製版及鋅版等，也都在那裏製作。

新聞的來源及讀者限制的結果，記事的內容乃非常狹小。此種限於校內教授、授業、學校行政、學友會之動靜、運動部之活動，及其他學生間發生的事件等；這於學校關係者以外的人，對於此等事件的記載是不歡迎的吧。在綜合大學是這樣，若在單科大學或高等學校，那末更專門的，更一面的，也是當然的現象。但時事評論、學藝、運動等，爲一般的社會所需要，有了這些門類可以打破只局限于校門記事的紙面的傾向。「早稻田」、「三田」之於運動；「駿台」、「法政」、「日本」等則於文藝比較佔得多些；「帝大」的學校新聞，是於八版中以二版爲校內記事，一版爲高等學校的記事，其他則多是一般的論文、文藝，運動等的。

現在，我們再說學校新聞的立場：第一是思想的立場。在學校之內第一個桎梏，就是把思想置於學校管理之下。在這限制裏，左傾與急進都是非常困難的。但也決不因爲這緣故，而卽甘于將學校新聞佔爲隸屬於學校當局的機關。在學校自由範圍之內，學校新聞之自由獨立是要認可的；假如牠不得這自由獨立的存在，那末言論機關的使命，是不會得着結果的。在現在日本學校新聞的大體上，（自然多少有些程度的差異。）都是爲此持着自由主義的立場。祗有早稻田的學校新聞是在戰鬥的純左翼的色彩之下發行着（昭和四年）。雖於學生的思想上捲起相當的感應，因其在學校之外發行，不能獲得多數的讀者，現在也就消聲匿跡了。

第二是學校新聞，是應處於學校當局方面，還是處於學生大衆方面的問題。

因爲學校是研究學問的府堂，是教育的場所，故不能常使學校當局與學生之間處於對立的地位。要是沒有對立的現象，就沒有特殊的問題。例如，對早稻田大學的騷動及相繼而起的明治大學的騷動等這兩個相反的場合是怎樣呢？在早大，是因了當局的壓迫而終於把學校新聞停版了；而明治大學的新聞也是行使着欺瞞(Camouflag)。在這場所，都是站在學生的立場上的。在這裏，因爲新聞的讀者是學生，常站在學生的立場上，這是當然的。然而在另一種的程度上，又是別一問題了。

四 學校新聞之發達與受難的史略

日本學校新聞最初的產生，是以大正六年五月"三田新聞"慶應大學之創刊爲魁首。三田新聞的頭銜是東洋的創始。其後在大正九年帝國大學新聞出版，大正十年日本大學新聞出版，在十一年早稻田大學新聞及明治大學駿台新聞等都次第的出現了。但是，這最初的形態與其稱爲新聞，毋寧說是雜誌；盡力的每月也衹出一回，簡捷可以視爲'校友會雜誌'的變形。所謂記事，都是當時最有興緻的運動的應援，經常的經營也是氣息淹淹的。那在大正年間創刊的，有十八種；自入昭和年代後，僅就昭和四五兩年就激增了十七種。假使把這種製成統計圖表，或者能由此看出日本 Journalism 最近的發展狀態；也說不定。如從大正年間至最近一二年來，日本新聞界長足的躍進，學校新聞也正與此平行着。

大正年間，是日本資本主義達於絕頂的時候。同時他是捲起所謂壯麗的文化之波動的時期。Journalism是乘着這波浪而來，勞働運動與思想運動也都是乘着這波浪而來了的。這在學生界裏就表現於學生運動；而這舉促的黎明，就是給與學生思想界以革命的影響，而且運動是迅速的普遍而緊張；與此潮流合流了的：就是學校新聞。雖然每個個別的場合不一定皆然；但在一般的見地，與這學生運動之合流，而以新聞爲學生大衆之眞的對象而發達着的，這却是事實。

如前記的五新聞之學校新聞的先覺者，知道有相互團結的必要，爲起來後援當時發生的'普選促進運動'，於是乃有五大學新聞聯盟的組織。大正十二年十二月念一日在早稻田大學大隈會館裏，舉行了這第一次的委員會，作成了聯盟規約。席上也協議到普選問題，喚起學生對於普選的輿論，協力於自學生之立場的純眞的運動。這個聯盟的結成，目的之一半雖然好似是爲了普選的促進；但從此而安置了學校新聞進出的基石，也是可以看出的。其後，一橋新聞（東京商科大學）及立教、專修、東洋、立法，法政各大學的新聞都加入了聯盟；幾網羅了日本東京各大學的新聞而成爲一大勢力了。而且，也漸次的急進的傾近社會思想，自從大正十四年之反對‘軍事教育運動’起，因其步調之難於一致，於是就有要退出聯盟的，一橋、三田、早稻田（早稻田爲第一個先解散的）都退出了；現在是殘剩着八大學的新聞聯盟。

到反對軍事教育運動爲止，學校新聞也與學生運動之尖端平行而來了；而由此也正開始來了學校當局的壓迫。有昇天之勢的學校新聞，也正到了牠表現新聞力量的時候了。所謂‘反對軍事教育’的事件，是起因於大正十四年十月小樽高等商校之‘軍教演習’之豫定；於是聯盟發表反對軍教的宣言，開催'學術擁護'的演說會。結局以帝大、早稻田，立教三者連名，於同年十一月九日發表了共同宣言說：

「大學之本質的使命，是在確保學問之獨立與研究之自由；學生的使命，是在以一切之社會現象於科學的理論之下作着縱橫的檢討與批判。大學，不是養成偶像化了的抽象的國家崇拜之布爾喬亞意德沃羅基，或者委之於軍國主義的精神之侵潤的教育機關。而且軍事教育之本質即侵害學問之獨立，束縛研究之自由；畢竟祇是成爲『階級的國家之存在』的必須手段，而爲『擁護帝國主義』者；一切教育機關之軍國化，是將純眞的學生，使其成爲軍國之傀儡！……」

在這反對軍教的時候，是學校新聞頂自由的時期；其後與學生社會科學之研究同進出的，就來了所謂給學生言論的壓迫。這還祇是對學校新聞部份的彈壓，但自昭和三年三月十五日之第二次共產黨事件（即三·一五事件）以來，壓迫猶顯著而來。學校新聞的歷史，也即是言論機關之家常便飯的受難的歷史。

從前‘早稻田大學新聞’是在學校內的新聞研究會發行的；以人才濟濟的操瓢界的先輩及一萬學生爲背景，而依於熱心的研究者作出最好的新聞；鋒芒於學校新聞界之先頭。經過‘反對軍教事件’及‘三一五事件’之後，大學當局企圖將牠變爲御用化的新聞；新聞研究會堅持主張編輯自治權，而雙方很快的對峙着了；到昭和四年二月五日，即認爲大學當局之毫無誠意，而斷然決定廢刊，乃於日比谷之松本樓先輩同人集合會上，‘聲明吞淚忍泣的解散’。繼續在純左翼的反學校的色彩之下。在校外發刊‘早稻田學生新聞’。到五月又以教授喜多壯一郎爲會長的創刊了‘週刊早稻田大學新聞’，與其對立。‘早稻田學生新聞’現在是差不多成爲休刊了。(參看下篇早大學校新聞遺話)

繼之而起的同志社新聞，(京都同志社大學)關於二月二十六日後任總長問題(學校總長)同志社的理事會，強要新聞御用化，而該社聞持取了與理事會相反的態度，由於關係教授的地位影響及於反目，二月一日卽聲明了'爲持守學校新聞的立場，與擁護關係教授的地位，擇取問題正面的唯一之道，斷然決定解散'。就解散了。但是到六月，'不同於舊同志社新聞的形式而作實質的再興'，於是創刊了同名的'同志社新聞'。

'京都帝國大學新聞'以佐佐木惣一教授爲部長，部員多數都是學校內進步的團體促進會的會員。在學校每起因於思想問題，而成爲當局的問題，於是佐佐木教授也提出辭去部長的職務，代之以學生主事大野氏管理事務，於是出現了'反對新聞御用化'的運動之學生示威運動，結果部員及促進會派的學生十三名受處分，開除部員二十一名，以新的七名委員担任編輯，改週刊爲半月刊，把本來面目全然一變了。

'九州帝國大學新聞'，是九州帝國大學法文學部學生發行的，頗有相當的自由主義的傾向，時時也可看出左翼的色彩，到最後守着孤壘。在昭和五年八月發行的報上，在運動照像之傍，插入了‘赤色Sports’的記事，這一天新聞的色彩特別濃厚，因之也成了大學當局的問題，一般普通的報紙也把這事大大的登載，一時極爲人所注目。結局在次一號上揭布了‘由於我們之誠意的披瀝而取得了諒解，乃得再與諸君相見’的啓事，方得以無事。但是從這以後，左翼的片斷都全然銷聲絕跡了。

週刊早稻田新聞，由於昭和五年十月早慶（慶應大學）野球戰入場卷之分配問題發端，促起早稻田大學之同盟罷課，大學當局就通過新聞社長喜多教授突如命令停刊，閉鎖了關於罷課的言論，在那樣大事件當中，學校新聞所最期待活躍的時期裏，一次也不見發行；由此‘反對學校新聞之御用化’，又成爲同盟團體的標語之一了。後來爲了這事件，研究委員會的委員總辭職，新聞乃於十一月二十日復活，而且不久又繼續出版了兩頁。

日本高等學校的新聞，是以昭和二年東高時報（東京高等學校）爲魁，而後各地亦逐一創刊了。但這因是在文部省（教育部）直接監督之下，所以取締也漸次的嚴緊了。尤其三•一五事件以來，是更一層的嚴厲，封禁一切社會主義或自由主義的記事言論，置責任教授爲部長，一切的記載都經過二重、三重的檢閱，然後才能登出來。

高知高校新聞，（高知高等學校）在昭和五年一月因反對學校當局不當之彈壓，要求學生自治權，而起紛擾；被學校當局強制廢刊了。

弘高新聞（弘前高等學校）也在這前後被命令停刊，其後在第十三號上學校當局向社會問題，與政治問題執筆的學生，聲明禁止投稿之旨。

浦和高校的'浦高時報'，在第十六號上載着矢吹博士之思想善導演講的筆記，因無檢閱而揭載引起了問題，除下令發行停止之外，將編輯委員二名予以停學處分，爲此憤慨了全校學生而決行了同盟罷課，要求撤回發行停止命，及組織全國擁護高校新聞的聯盟等議決的六條件。這造成了以壓迫新聞爲發端的最大事件。不久該報停刊了，到十月才又復活。其條件是：

一，原稿一律用本名，被當局删除之字句，不得在紙上有所表示。

一，原稿須經過部長及顧問之檢閱。

一，一部改正了的原稿，須經再度檢閱。

一，對檢閱的結果不得問其理由。

其他二次都附以苛酷的條件，都是可懼的沒有標準的要取締高等學校的新聞。其他佐賀、三高、富山，靜岡等各高等學校正在準備發行新聞的計劃中，都因爲高等校長的會議而消滅了。

五　結語

日本的學校新聞，高等學校之不如大學，是由於學校當局的壓迫過於苛嚴，但是一看各大學新聞的精神、歷史及其奮鬥，却是很是令人嚮往的。但是，經過十餘年的歲月，幾多的犧牲者，如許的受難的歷史，現在算起來將近五十有餘的盛況，尤其是還有發行着週刊八頁的。然而學校新聞又將向那兒前進呢？從四頁進到八頁嗎？還是更發達到如美國的大學新聞(College-paper)樣，以大學附近的村鎮爲中心而成爲日刊報紙嗎？或者更横斷了全國的學校新聞而產生出全國的日刊學校新聞嗎？從現在來看學校新聞的將來，是還有着許多的切實的問題的。

早稲田學生新聞

毎月五の日發行 [illegible]
發行兼編輯印刷人 [illegible]
發行所 東京市外下戸塚 [illegible] 早稲田學生新聞社

社説 「大學擁護デー」を有意義に記念せよ

學園爭鬪に於ける一般的後退期從つて學校當局の反動的攻勢の時期にあつて、我々は意義ある我等の記念日大學擁護デー（六・二六）を迎へんとしてゐる。

此日は既に周知の如く、一九二三年、[illegible]

以上、毎年これをもつて「大學擁護デー」とし、[illegible]

[illegible] 新たなければならない。

言論集會研究の自由!!

總長辭任問題 吾々は如何なる態度を以て臨む……

六月二十日附の [illegible]

[illegible] 吾々は即時クラス會を開き、[illegible] 總長問題を [illegible] 六月廿六日 [illegible]

即時クラス會を開け！

我々の總長は我々の手で選べ！

田中反動總長絶對反對！

學校行政に學生を參加させろ！

御用新聞再刊の陰謀を粉碎しろ 學新の擴大强化萬歳

去月廿×日早稲田學生新聞 [illegible] 御用新聞再刊の準備を起したるも [illegible]

[illegible] 御用新聞再刊の機を窺 [illegible]

思想善導の正體 敵の計畫的彈壓に備へろ

社會的必然、歴史的必然が齎らす學生思想の尖鋭化は近づきつゝある×××に向つて止る所を知らない。[illegible]

「學生生徒の處分に關する件」[illegible]

[illegible]（四面へ續く）

早稻田學生新聞遺話

日本的早稻田大學的學校新聞，在全日本的學校新聞運動史上，是佔着了很中心的被大衆所注目的地位。這，在我前譯的日本的學校新聞一文裏，是顯然的可以看出的。現在本文，是專門的記錄關於早稻田學生新聞之過去的風風雨雨的有趣而悲壯的斷片的史略；爲作者署名爲稻岡暹，就是該新聞的創辦人之一，而後來因了別的任務退出的。原文載在綜合新聞學講座第八卷的“特別講座”裏。譯述於下——

★ ★ ★

一、編輯自治權之模擬的取得

在昭和三年（一九二八）四月，自從以"編輯自治權"爲中心而開除會員的問題起，持有六年之長期歷史的早稻田大學新聞，終於被決定了休刊的命運。而經過了長時的交涉戰以後，到昭和四年（一九二九）之冬，竟至使支持這新聞的團體——新聞學會——也舉行了凄涼悲壯的解散式而告終！

早稻田大學新聞，是有過去大正十二年（一九二三）之"軍研事件"（即反對軍事教育研究的事件。——但據澤村隆一君之學校新聞論一文內所載關於"軍教反對事件"的時間乃是大正拾四年（一九二五）十月所發生，此處或即係當時的爲"普通選舉促進"而起的"五大學新聞聯盟"的事件之誤傳特註。）以來的光輝榮耀的歷史。

然而在此六年之間，大學當局之對大學新聞，是已經老早就看出了很多不痛快的報道，每每是對於此種報道記事要加以干涉的。甚至大學當局以"新聞學會"的會長，委諸於洋行歸來的"咖啡通"（即老於出入咖啡座或酒排間者）之喜多壯一郎教授，於是就開始了出於表面的露骨的對大學新聞之干涉。

這樣，那少數的"有骨頭的"新聞學會會員，就極力主張編輯自治權，與會長喜多教授相爭持。結果終於迎來了——會長之辭任，新聞之休刊——學會之解散，等種種不幸的歸宿。

這正是"編輯自治權之摸擬的取得"。（因爲佔得精神的勝利。）然而當時所殘剩的新聞學會會員却很有老成之風的，守着溫情的態度。他們並不起來發動學生大衆的抗議。到最後，還祇是持續個人的交涉。——

昭和四年二月十一日夜，在本鄉（東京市市區地名）佛育青年會館開催了的"早大新聞廢刊報告演說會"；那會實在淒涼萬狀，一如被切剖了之物件樣的零落！

"摸擬取得的編輯自治權"，是無精打采的忍氣吞聲着；眞似恭而敬之的將其埋葬於黑暗裏了。

但是，早稻田一萬五千之學徒，是在要求他們自己的新聞！——不是御用的新聞，是要求學生的新聞"摸擬取得的編輯自治權，在學生之手，以產生出學生新聞而解決"。這一個念頭，就是早稻田學生新聞之創刊的基礎，亦即是根本的思想。

二、『學新創刊之苦惱』

新聞學會解散了的當時，我（稻岡暹君。以下第一稱同。）也同樣的是因無會長問題陷於半死的狀態而是"雄辯會"的責任者。因爲憤激於辯論之自由的被剝奪，乃與筆之自由的被剝奪的憤激相互交錯了。

當昭和三年還未完全過去的十二月之初，我毫無火氣的在學會會長室之一隅，坐在吱吱喳喳的機子上，正架起脚來閃動着在策劃學生新聞的創刊。

當然，這最初是和新聞學會裏那些"有骨頭的"傢伙在一起討論的。然而，原來不是以鬥爭爲主體；但因爲朋友們都是被浸蝕着於 Journalism 之醉心，於是——

"通過鬥爭向學生新聞之創刊！"

"開始是必要的強硬！"

這樣叫嚷着。大家對這自己的意見，當時是連自己都寒毛直豎的恐佈，緊張的。

最先，第一個行當，就是：如何才有二千元之保證金呢？——的問題。

但是這，通過了那一方面人之手的，是以高利貸，新聞保證金，要先以高利週轉才能有借的，所以在借用的時候，入用的不足三十元的錢，是我自己把外套當了；及另一學生從學費裏分出的一部而來的錢。這就是一個慘淡的開端。

第二，使人束手了的事，就是最初的百五十元印刷費！

於是，就以要出版學生新聞的題目，到各教室去舉行募集金錢遊說。可是結果，所募的不到八十元，而這八十元之一半，又爲事務所及運動費（卽奔走費），使用去了！那時，可以劃出之學期學費來墊用的人也沒有；我自己此時是一件外套也沒有的丁，所以我當時就把住在學校附近"下宿"（旅舍）的來訪學生的外套，一個一個的都給脫下來，送去在當舖的朝俸們的喫驚之下當了錢回來。這是第二個階段的進展。

第三個難題，是編輯技術了。

這理由在前面已提過了，因爲"內行"的（有着技術的）新聞學會的人們都逃隱着不出來，担任中心工作的，都祇是些口裏不願落人之後，而手則不能利其器用的雄辯會、辯論部及研究會的這些"外行的同道"。

寫文章的卽使寫作了，但篇幅的配置却很不容易；結局是大胆的嘗試着看，把字數數過，把行數也劃分好而解決了的。

到最後，最大的難關，是學校當局的壓彈。假如是懂得這種活動的人，那混亂與緊張的經驗是不會兩樣的；因此"學新"（學校新聞之簡稱）無論是編輯、通訊或發行，都到了必要的要有非常巧妙的組織不可。

更且，加甚於學校當局之上的，警察之注意是也不得不考慮防備的。

爲了這個必要，就以因“大山事件”而退校了的大賀君，與作爲雄辯會之先輩的一人的眞鍋君，在表面上出頭。而內部及下層，則斷然存在不公開的二重組織。

這樣，大體都準備好了；於是懷抱着前進的興趣，以迎待發刊時期之到來。

三、 三島之二樓

我們那時所租賃的事務所（卽報館），就是現在還存在的：在大學正門的前街，紀念大禮堂的裏首，緊貼在鶴卷町郵局之隔隣的牛奶店（卽小飲料店）三島（店名）的二樓上。

昭和四年二月十八日，早晨：

狹窄的三島二樓，完全掀起了戰爭樣的騷動。

這，就是早稻田學生新聞的創刊——

我支持着夜來忙於編輯、搬運、折疊而睡眠不足的疲憊的身子，與同志們一起，在胸中湧躍着這壯偉的反響。

“學生新聞出版了！由於我們之手！”——我們自己的新聞出版了！這強力的興奮了 Wasedamen（早大生）一萬五千個的胸膛。

學新如飛的在散賣，基金也正如雨樣的投來了！

然而，在這快報的反面，則表現了學校當局之狼狽與彈壓——！

我們販賣係員有二三名與新聞一起被檢束到“學生課”（訓育處）去了，又受到不許學新在校內發賣的命令。

我得了這消息，就一直跑到“學生課”去，把販賣係員與學新都奪回來。“學生課”與“教育課”的小使們却都走到學校前的書店去購賣學新；大學教授先生們，都睜圓大眼的在找閱新聞上對于自己的講義及教授的批判或評判記呢。

於是，學校當局決定了對於我們學新之創刊的有力防害的策略，就是計劃御用大學新聞之發刊，開始策動着舊新聞學會之幹部及先輩。

當時，日本的國民新聞曾有如下的記載：

早大竟有三新聞紙

御用報·學生報·先輩報

之對陣!!!

有歷史之早大新聞學會、因學校當局之不當壓迫、遂至不能發行其機關報早稻田大學新聞、新聞學會解散後之進展、即由於全體學生之同情所集注、而於十八日乃出現早稻田學生新聞、讀者皆爲驚倒。現聞該舊新聞學會正着着準備機關紙之復活、學校方面亦將以喜多，(壯一郎 舊新聞學會會長) 敎授爲中心、於新學期開始發行御用新聞、是早大於新學期將同時有舊新聞學會報、學校御用報、及早稻田學生新聞三報對陣。此佔據於早稻田學苑者、其必將有何種戰狀演出………

★　★　★

其後，在三島的二樓上，學生大衆的支持與聲援，尤加繼續的加強起來，基金捐助與鼓勵的投函，都如暴雨之來一樣。

其他大學的新聞，也就不斷的來了聲援的信件與爲激勵的來訪者。差不多每日如是的，同情者來往如梭的都趨來訪問這牛奶氣氛中的狹小的二樓。

當然，在浸入於來訪者之羣中，是有被學校當局所收買了的學生Spy的；就是憲兵老爺和警察先生，也是要時常光顧三島的生意，來那兒喝一杯牛奶。

變成了左翼收容所所主的三島老板，雖然是非常恐怖着；但爲了牛奶生意的特別景氣，所以也就頗喜形於色的相安下去。

四、我們的武器

當時，日本正流行着"東京行進曲"的歌，我們把他改作了——

『可戀的昔日早稻田之自由，

誰知？今日的壓迫凌辱——

踊躍着，拳握木劍：

復明了，田中的得意之暴顏！』

（田中，指日本已死軍閥田中義一；得意之言，即謂横蠻專制也。）

並將其刊載在學新上，於是又流行一時。我自己在戶塚警察署的"猪欄"（監禁室，未判决前的留置場。）裏還呻吟了二十多天。那，正是爲着血的"五月十五日事件"，時候是已經近夏的六月末了。

出了"受驗號"，歡迎新同學入校，學新正作了學生的武器。這不獨是早稻田，幾乎是全日本的記載學生鬥爭和指導學生鬥爭的報紙了。我們的通訊網與發行網的確立，正是爲鬥爭之用意而着着前進的。

那時，我自己正爲了學生大會之計劃與準備，無日無夜的忙碌着，在學新上寫製論說，祇是供給了參考的意見，後來就把這事全部委托給新的同志了。而且，學新在那時常常刊載左翼名士的論說，及普洛作家的作品，所以是更加獲得了學生大衆的擁護。這樣，學新是有力而且在成長。於是依於進步的學生之手，就以"校內自治權之獲得"的鬥爭，爲"我們之武器"的最大的任務。

這值得記載的，是昭和五月十五日的鬥爭。我是不能無感激的來說述這一個日子，尤其是想到與學新有關聯的時候。担當學新運動部記者的，活動着的一位同志，當時當了學生大會之特別警備隊與暴力團對抗着。他終於是頭部負了近三寸大的流血的創傷，而還與十五六名的暴力團對抗亂打着。到後來，一回憶到勇敢的學新之強頑，總不禁要激起新的昂憤。

過了這流血的鬥爭，學新差不多已成了"我們的武器"。我自己在被囚在"豬闌"的時候，在偶然的機會裏看見了學新的"鬥爭號"，想着，實在是非常安意而心有所持的。

而同時，經過了這鬥爭之後，學校當局又把暴力團壓迫的目標，移轉到學新來了。於是那可懷念的三島之二樓，終於因恐暴力團之襲擊，而把不能停止的事務所移轉到神田（東京市區地名，書店最多之處，有名之爲“學生町”的）了。這都還是我囫在“豬欄”的時候裏所出的事，到後來才聽得說。所以總是要盡筆紙之勞的。

經過了五月十五日，學新又持續着更前進的精神，迎着“大學擁護 Day”。這時候，我又因病養息在關西了。

經歷了鬥爭，就產生了鬥士，學新是這樣的一步一步的行進着他的巨步。

到新學期來，學校當局所經辦的御用大學新聞出來了，但我們的存在是不待言的毫無問題的。學生大衆經歷了鬥爭，新聞 Journalism 之階級性，從此也判然理解了。

五、新勞農黨反對

到八月，我們的光輝的先輩及指導者，給學新也投寄了一些好意的大山氏（——大山郁夫，原早大教授，現勞農黨領袖，衆議院代議士。）等提出建立新勞農黨（日本左翼政黨，合於帝國憲法之規定條件的。）的提案。到九月，這提案被成爲各方議論之矢的。

我們的學新，斷然的以馬克思主義——列寧主義的立場，捨棄舊情，聲明反對這新勞農黨，（當大山等建立新勞農黨時，日本左翼集團或份子，皆目之爲投降者或妥協者；其理由爲：立憲政體的議會，完全是藉着擁護帝國的口實，而爲資本主義之衞護的；勞働者農民代表之參加，在客觀上是反叛階級。——大意如是。）

這種事實，恐怕世界的學校新聞，也許是有很多的吧？但在日本學校新聞之對無產政黨的建立，而從左翼的立場出發以反對；學新却正爲嚆矢。

這，正是早稻田學生新聞，登場於學生大衆之政治新聞的階段來了。

當然，大山氏到現在是絲毫的好意也沒有的了。所以，現在警察當局對學新的彈壓尤加竣烈了。

這樣，以後的學新就時時遭受發買禁止，財政也開始益窘於貧乏了。

然而，學新是一步也不退却的！牠是更加的推進到 Proletariat Journalism 了，是前進而不知有所止的。

到了這一時期，自己所熟悉的人，差不多是在學新上看不見了。許多是被退校的，許多是潛入"地之底"去。所以有一部份是脫落的了。

學生運動的方向之轉換、淸算，也隨從着日本無產階級解放運動的方向轉換、淸算；徐徐、急急的進展而前。

我曾作了一題爲柳川的，登在早稻田學生新聞上。那是——

"將頭顱賭於馬克斯的；有多的新人誕生。
'先生' 也者，是'飯桶'的敎育孩子的蠢人！
倘使大胆說話，腦袋兒就要壇慄、還打寒筋。
——這個風向，就是早稻田的寶貝的哥兒，爺們。"

大家的頭都聳動着。在三島的二樓上議論着的同志很多，都是欲求走到工場、農村，一地之底去的。這卽是我們的學新的光輝的遺產！在早稻田之一角，作爲日本Froletariat青年運動之一翼的學生運動的一助力，繼續在血之鬥爭、鐵之訓練、及彈壓之暴風雨中存在着。

而且，牠是也有那樣永長的存續了。

昭和五年二月，當第二回之總選舉，學新支持了“選舉鬥爭同盟”，援助“早稻田班之組織”，爲展開盛大的政治的 Agetale-propaganda，受了莫大的彈壓與迫害，封禁而又封禁，大有不至永久休刊不止之勢，同伴（Member）之大部分都更換新人了。這誠是學新適當的活動。——“停刊了啊！”於是知道的人們，都這樣的互相傳語着。

六、全聯盟運動與學新

學新是沒有死，也並未消滅！那祗是表面的沉默，祗爲了兩步的邁進而作一步的退却，不過爲了永久的自重而爲暫時的忍耐與沉默而已。

那證明，就是昭和五年十一月發行的第二四號——“學新再建復活號”又展閱於讀者之手了。潑剌的意氣，橫溢於紙面，讀者看出了更良好的鬥爭力。

學新的最新號送到我的手了，那上面載刊着以野球的 League 戰（——League Match，日本學生的體育運動，以野球（捧球）爲最普通、最流行；一有比賽，即簡稱爲“League戰”。）爲初端而發生的“全學生聯合委員會指導的發動同盟運動”之記事。我送了不加思考的明快的微笑。——經歷着鬥爭而發刊，經歷着鬥爭而確定，經歷着鬥爭而躍進，再由於鬥爭而休刊了的學新，今又經歷着鬥爭而再建，而復活！學新是走着了怎樣的適當的徑路啊！這不是傳統的嗎？

我對於這同盟運動，起先祇是由於推察與報導，那詳細還不很明道。但一看學新之“再建號”是又不能不祝福那泛流於早稻田之一脈的戰鬥的傳統的了。

的多許，苦之時當刊創了歷親，們伴伙的己自朋友、同志，現在是各自東西的散着。或者不閱讀如今的學新的，與看不着的人也還有罷？而且，還有可怖的把自己們戰鬥的傳統的強度，以其被報導於“布爾”新聞（ Bourgeoisie 的報紙）上，而以“早大同盟運動”來玩味着的吧。

當初不能勝任編輯的、被毆打了的、要和暴力團相抗鬥的、被脫下了外套的，——這些人，現在是與新的學新無關係的了。然而，通於殘留的傳統及殘留的鬥志，與其仍然是精神的結握着！

現在，在全日本大學及專門學校，不平不滿之處，鬥爭與Strike之波是到處激昂着。所以，那存在於各大學的學校新聞，是敵仇呢？抑是友伴？這必須是要有一路的選擇。這於如今而後，是更加更加的有了許多的問題了。

自己原就沒有什麼文獻和記錄的；祇憑藉了回憶寫出學新的遺話。然而，這筆却始終的寫憶了那時的鬥爭。這也許是最雄辯的學新的遺話，以傳播歷史的簡略給後來的新人吧。 一九三一，八，十五。

英美的學校新聞

—文藝的與Humour的College papers—

一　有歷史的大學新聞

英國各大學裏，現在是無學校不有大學新聞的了。美國的各大學，大學新聞也是有了相當的歷史。現在，日刊的大學新聞，是已經有着很多了。大學——University 與 College 這兩個字，在美國是沒有差異的被濫用着的。——其數多的國家，大學新聞也一定是很多的。無論是從數量上，或從新聞紙的意識上看，美國總是要比英國勝過些的。從歷史之老久的一點看，今日的所謂大學新聞——

College-News_College_joural ——美國的大學是也比英國的大學持着有更遠的好的成績。有日刊、旬刊、週刊、月刊等種類的分別，而以週刊爲最佔多數。專設有新聞學講座與新聞學系——Journalism_Course, School of journalism ——的大學，大概都是有日刊的學校新聞出版的。而且，就是沒有新聞學專科的學校，如布林司登（Princeton）哈佛（Hvarard）愛爾（Ayr）等大學裏，亦都有日刊的發行；而在溫司柯興（Wisconsin）米蘇哩（Missouri）哥倫比亞（Calombra）華盛頓（Washington）易哩挪威斯（Illinois）各洲立大學，都有作爲新聞學科的實習機關的很好的日刊發行着。體裁方面，大都是與'營利新聞'（指一般的社會報紙，）沒有十分的大的差異；祇有很少的是傾向於'雜誌化'的。

在美國的學校新聞之中，最有長久的歷史的，是從在北美大陸還是英國的殖民地的時代起就存在了的；在一■六九年，請得了英吉利皇喬治三世的允許，而創立的達特馬司大學（Dartmouth College），由學生之手創刊了的"The Gazette"的學校新聞。這就是北美大陸最初的學校新聞。把這與北美大陸的新聞紙之變遷來對照看，正是第四期的獨立戰爭時代(1765—1783)之後，而到達第五期的初期共和政府時代(1784—1812)的時候。稱爲亞美利加新聞紙之嚆矢的波士頓的"Public Occurance both Foreign and Domestic"是在一六九〇年九月出現的，所以達特馬司大學的學校新聞"The Gazette"是在這報後的一百十年。這時代，正是一般的新聞紙都分別的在被作着政黨的機關紙的階段。正是擁護新的聯邦政府，主張中央集權的聯邦主義者(Federaliste)與高唱各洲之洲獨立權的共和主義者（Republic）相對抗；而各自持着機關新聞在報上出現着激烈論戰的時代。紐約的晚報(Evening post)就是聯邦主義者之御用報的典型。處在這種時代裏的學校新聞，其成爲言論之發表機關，自是必然的事。當達特馬司大學學校新聞創刊的當時，就有一個學生以"易加爾士"的筆名發表文章，理論大學的生活，批評教授的研究，提着政黨人物而予以敏銳嚴正的批判。那些偉辯宏詞的搆想之佳妙，不但博得了讀者的好評，而且還惹起了社會的注目。在當時，這個用着"易加爾士"筆名的究竟是誰？大家都判明不出。因此就煽起很大的興味。這個"易加爾士"到後來才知道就是大雄辯家但尼爾士（Daniels）在最初的學校新聞上，學生但尼爾士的活躍，實爲亞美利加學校新聞紙史上放一異彩。

二 英國文學與 College journals

在英國，保守的社會的雰圍氣，是非常濃厚的。美國的大學新聞是充分的有着'現代的'精神；而我們一看英國的大學新聞，在那些出版物上，仍然是被保守的，因襲的雰圍氣所籠罩着。我們不能發見牠十分大的變異。

雖然無論那一國是一樣的：大學都是被限制於

環境，不論是思想的或是生活的，則都類無限制——英國的大學生們也是一樣的；他們在所謂責任的這一點上，是表現着無責任。所以，在英國的大學的新聞紙上，是沒有表現出什麽的。

把人生看爲喜劇而好似不加考量的英國的大學生們，是持着比美國的大學生們更無邪氣的氣慨而生活着。英國之代表大學的牛津、劍橋兩大學，過去的數十年間的大學新聞紙，一個是大學生之生活的記錄，一個是現着文藝界之一寄與。在有限制的環境裏，而不了解無責任之人生的一羣，雖說是對於文藝界沒有十分甚大的貢獻，但英國之大學新聞紙是與美國之大學新聞紙異樣的，一般的評論說：與其說是從學生所製作的新聞紙，毋寧說是從學生所製作的文藝的記錄：很堅苦的'文藝'之一表現。——或是很稚淺的'文學'之一表現。這樣說，所以劍橋或牛津兩大學的學校新聞，與其稱之爲'新聞'，勿寧說牠是'文藝雜誌'。

而且，在學校新聞上所有的'文藝'的影子，是大學生在學業之餘暇的餘興。在英國的大學新聞上，是登載了謳歌大學生活，而把理想的詩人與大學生活美化了的作品；是一半眞摯的，一半遊戲的，在那詩形與韻律裏裝蓄了精妙的感情。所以，在大學新聞上，有的是誇示的推載着自己滿足的散文家，並且顯著的被充滿着有許多的自負的模仿者。這許多的模仿，他們都是運用了讀詩的時候所熱心學習的形式：大學新聞就是這些模仿的作品的投稿處。還有一種，英國的大學新聞，是把在大學的文學研究室所研究的古典文學之集約的感情，與對於出現於營利主義的 Journalism 上非文藝的冗語之憎惡的感情；變形的傳佈在大學新聞的報面上。這英國的大學新聞紙，是遵從了傳統而未從新的方面着手。是這樣保守的；即在現在也仍然甘心拘於此舊套。然而，過去的英國之大學新聞，在這些模仿的與遊戲的文藝傾向上是消亡了；並且牠還養出了許多在現代文藝界裏被大家所稱譽的人物。特別是大學新聞之於文藝的貢獻，是從"玩笑的人生"而到"喜劇的"的觀念，在古典的狂文或諧謔詩的形式表現的。這就是過去的英國學校新聞的態度。在劍橋大學的大學新聞紙上，有着許多名家的長詩，就可以表示牠的過去了。至於在凡俗的接觸比較多的牛津大學，以預言者爲希望的大學新聞的編輯者和投稿者之羣，是眞的"多產的"。

三、學生的編輯主義

在美國的大學之中，佔歷史最久之第三位的是愛爾大學，是最初刊行了大學雜誌的。那是在一八〇〇年的時候，稿件之困難比財政之難於支持更甚，於是卽成了所謂"三號雜誌"的短命鬼了。在愛爾大學之大學雜誌當中，題爲"Literary Capinet"的，有八頁篇幅，每逢兩週發行一次的；是在大學生之外尙有相當讀者的文藝雜誌，在新英蘭州地方是好的雜誌。但因爲是由於學生之經營而誕生的，沒有十分的餘暇與堅持的毅力，所以不到兩年也就廢刊了。

此外，在愛爾大學出現了"Athenaeum"、"Palladium"、"Student Companion"、"Gridiron"等學校新聞；一八三九年所創刊的文學雜誌，(Yale Literary Magazine)，是直至現在，仍存續着在。雖是在學生之手所編輯、經營的，但能存續這樣長久，這是頗足誇耀的。按月發行一次，篇幅在四十頁左右，自創刊當時直到現在，都是持着學生的，眞摯的學究的態度；論說、批判、文藝記事都有着很好的表現。從這些College journals 之關係者裏，產生出了多數的名士學者。這 College journal 編輯的組織，是每學期從大學之最高級公選出五個編輯主任，這五個人每月在編輯會議的席上，提出卷頭評論的題目來，大家在一小時之內把這題目加以討論，在討論之結果，由主張最好的人執筆寫文。對這個論說，編輯主任之五人共同負責的，無論是對於大學當局，或對於大學生之讀者，執筆者個人的姓名是一律不發表。行着此種制度，以保持大學雜誌的獨立性。這樣也感不到什麼學生的編輯主義。後來從這些編輯者之中，繼續的産生了大學總長、大學教授、上院議員、新聞記者等社會上的名人。

★

英國劍橋大學之對牛津大學，如美國之愛爾大學與哈佛大學之相對比一樣。在學校新聞方面，愛爾大學在一八一〇年出現"News"報(Daily "News")——以新聞之傳達爲本位的大學新聞紙時，哈佛方面才刊行以文藝爲本位的旣不是新聞紙，又不是雜誌的東西。那就是現在成爲大學新聞的"Harvarden"的前身，卽現在的"Collagian"報。這個學校新聞的內容體裁，却比較愛爾、達特馬司、布林司登等各大學的學校新聞低劣。但是，在這個學校新聞的搖籃裏，却也育養出了許多的秀才：現在的大西洋雜誌 (Atlantic Magazine)——這是現今美國最高級的雜誌——與北美評論 (North American Review) 等大雜誌的編輯者就是被這學校養育出來的。一八六六年到一八七〇年，哈佛大學裏，有兩種週刊新聞出現，而且互相競爭着；而且大學的學生也分立兩派，對於這兩種學校新聞分別的擁護與傋買。這甚至關係影響到學校的討論會或其他的會合，亦完全分爲兩個派別的對立，由於新聞之對立，竟造成這樣的現象。這兩個新聞，就是哈佛代辯者（Harvard Advocate）及梅紅（Crimson）兩週刊。梅紅到後來雖仍以其本名存在着，但因對手（哈佛代辯者）之沒落，因獨立的存在而品格也反而低落了；終至于不久也歸於廢刊的運命。

從上面這些看來，美國的學校新聞是新聞紙化的；英國的學校新聞是文藝雜誌化的。前者大都是營利化的；後者則大都是非營利的。這大概也是由於兩國學　之氣質的相異吧。

四、Humuor·諷刺·狂詩

有特殊的光彩的，在 College journals 之存在上也是必要的。從大學生的生活裏湧現的“Humo

ur"雖是被限于一定的範圍，但成爲學校新聞（雜誌與新聞，）之生命的"諷刺"與"滑稽"，在牛津、劍橋兩大學的新聞上是被作爲主要的內容。這在美國的學校新聞上，也大抵是被喜悅的。在美國，現在的"College Humour"以大學生獨特的戲謔爲內容的，差不多是每一個學校都必要有一個；這最初原是由英國傳播而來。此種學校新聞像牛津的Shortooveropaper與牛津的反響(Echo of Oxford)等，在從前在"College Humour"的表現壇上是很被讚賞；現有已失其原義而不過是狂文、狂詩、漫評等的代表而已。

最初有定期刊行物之名譽的，是劍橋大學在一八六九年開始，直至現在每學期隔週發行的劍橋評論，這個評論雜誌的目的，——給與大學生之生活與思想之表示。——是很好的保持着在。在眞正的讀者的面前，每週發行着所謂"大學之說教"。多年的此種記事的內容，可以說是戀愛文學之一典型；都是大學生之日常生活的文學化的記事；猶其對於那從大學出身而到既成文壇上去的有名的人們所發表的公開狀。

一八九〇年的 Granda 雜誌，成了關於劍橋大學之種種事件的輕鬆明快的註解者而出現了。吸收了大學趣聞的一部分。完成於'伊頓時代'的詩人——任性的天才斯蒂文思(Steevens)是在這兩種定期刊物中活躍的人物。他的詩，每在偶然倉卒作成，更加可以驚嘆。其他劍橋定期刊物中，最上是一八四〇年發行的'論集'，刊載勃林萊(George Brinly)的堂煌的作品的'劍橋大學誌，與以 A.W. Varool 的機智而增光的劍橋之 Iatora誌(一八七一——二)劍橋觀察者(Can Bridge Obeerver誌，)一八九三年由牛津出身，當時在劍橋的G.W. Steeves 和 S. Mocoor 及其他的人們所造成的小團體發行。這是英國文學界的一傾向，忽視了古典派，關于外國作家做了旁若無人的宣傳。這是把與同時代的批評家的要求競爭的新的外國文學的流行由大學生之手來企圖的 College journals。這樣的雜誌，作爲大學雜誌而長久繼續是不可能的。然而不管牠是如何的混亂，但爲擴大大學生的一般的精神起見，是有一些利益的。

一八八三年創刊的"Necsford"誌繼續至今，獲得了萬人承認的確固的位置。這，大體上雖與劍橋評論相似，但在爲大學機關誌這一點上是不同的。自由驅使英語的才能，牛津較之劍橋更普遍地被尊重。因爲論文在語學的試驗中佔着重要的部分。牛津的大學雜誌遠較其他同時代的東西寫得精巧。

十九世紀的其他牛津的College journals中——主要的是補習學生所辦的牛津批評與大學誌（一八五七），由Johnson博士開始，最被掃蕩去久殘于其他大學新聞雜誌中的繁重冗長。其批評常很痛快，但詩缺少特異點。然而充實上的成功，現在尙被人記憶着。這，關於大學學生生活的神秘的題目，不僅是滑稽的態度，而且也把握着牛津風的文學的魅力。

五、蘇格蘭與愛爾蘭

蘇格蘭的學生生活的諸狀態與牛津劍橋的潮流頗不相同，其結果，所產生的 College journals 亦頗劣。蘇格蘭，一八四六年刊行阿巴登(Abarden)大學的"Kings College"雜誌，這是刊載數學和物理學的問題與解法以及希臘羅馬的作家之翻譯的。一八八三年創刊的阿巴登大學的母校誌是現存的蘇格蘭大學定期刊物中的最老者。這較一八八九年蘇格蘭的 Sens Andlus 大學的反響 (Echo) 誌與格蘭斯哥大學的 大學雜誌 先六年，較愛琴巴拉大學的學生(Student) 先四年。Sent Andlus大學的大學雜誌編輯者之中，能夠發見 紅的嘉恩 (The scarlet goun)一八九一年版的著者 R. F. Mury 爲有特色的輕妙的詩人，狂詩家。也許Andry Lany 實際是 Sens Andlus 的 College journals 中的光輝的一種。然而把所可以奠立基礎而援助的大學週刊雜誌，決沒有達到成爲印刷物的程度。

大學雜誌(University Magazine)是愛琴巴拉大

學的 College journalism之初期活動的最堅實的。把在一八三五年與一八三七年至一八三八年間，繼續了二十四週份。虎勃斯（A. Hoobs)爲主要負責者，發表着一些堂皇的詩和優秀的戲畫及許多小品 (Scetch)。反映時代精神，遠較其他大學底定期雜誌爲多。于是，自一八八九年起，此雜誌成了蘇格蘭唯一的大學定期刊。

愛琴巴拉大學底大學雜誌底投稿者中，R.L. Steoenoon 活躍着。他底論文集'回憶與肖像'(Menmorizs and Portrait)篇中，在題爲'大學雜誌'(College Magazine)的論文上講到'愛琴巴拉大學雜誌'底命運。蘇格蘭大學底'大學雜誌'在 College Journals 中，頗富自由的'滑稽'與'戲謔'一點，較之英國爲優。敍述大學生活底思想的傾向，描寫學生生活底雰圍氣，這點一向表明着大學新聞與一般新聞互爲冰炭，而同時亦能完成 Journalism 底充分的工作。

愛爾蘭底大學較之蘇格蘭底大學具有輝煌的出

發點。而Dabring底Trinity College把大學新聞上的一種冒險的企圖浮漲于大學新聞底紙匣上。

一八八五年所出"Dabrin大學評論"在短期間中獲得可觀的實績。蒐集家現在對于這文藝與大學智慧雜誌(Magazine of Literature and university Intelligence)底不完全的寫本，不惜重金地向文學界提供了珍貴的文獻。而且以學生底觀點反映愛爾蘭底政治家而發表自由的言論，指導愛爾蘭底政治家。對政治問題而提供篇幅一點，可說遠較英國底大學新聞具有卓識。

然而名稱奇妙，爲大學新聞之一的科塔波斯刊在達勃林大學底大學生刊物中，指示了大學生式的機智(Wit)與研究學問的好途徑。這是每年發行三次，一八六八年出創刊號的。在這大學新聞中，刊載翻譯、模仿，撫弄自詼諧詩與古代希臘底哀斯開拉斯(Aeschvlus)起以至克勃林(Kipring)等現代詩人止的投稿。投稿者中，多登、脫多亨塔、阿格拉底等底羣中也有着耽美主義的奧斯嘉·王爾德。

科塔波斯較同類的其他刊物確是更古典的。這學生投稿底某部雖載于'達勃林的希臘，拉丁的翻譯'(Dabrin Iranslations inta Jreek and Latin Papers) 上，但以之為大學新聞底內容，却是很學究的。然而若無翻譯拉丁詩這特性，那末十八世紀常識文學派底祖先愛笛生 (Adison) 恐決不能得發行定期刊物底論文的機會；為大學新聞雜誌底重要特異性的諧謔詩派底祖先格里奧 (Griou) 恐也不能樹立其學派吧！總之，英、蘇、愛底三大學之大學新聞，在過去是頗藝術的，純文學的，與美國的頗異其趨勢。

六　大學新聞底營利化

轉過來看美國底大學，則一八八〇年以後，大學新聞，大學雜誌急激勃與。一八八三年後，出現了二百種大學新聞，三百以上的大學雜誌。一八八〇年頃，為美國新聞界底'改造時代'，無論大小新聞均以新聞紙經營底方針轉換到營利主義的新方向。隨着國力底伸展，新聞紙企業漸次自政黨機關紙主義解放，而保持企業上獨立的新聞紙底地位，由政論本位傾向到News 主義，受資本主義底洗禮而成了營利化的時代。因爲新聞紙企業爲私的經濟的資本之對象的意義明顯起來，所以大學中爲賺錢而有的大學新聞或雜誌也繼續出現。當時底大學雜誌是現在底"Nation"誌或"New Repiblic"誌般的大版十四五頁上下的東西，以模仿英國底週刊體裁的爲多。這類大學雜誌由各年級選出的學生委員之各至十二名負責編輯，發行部數最大爲二千，最低則爲二百。訂購費一年爲二金元，主要的以學生、教授及校友爲中心。一八六〇年'愛爾大學底 Joseph Cook 等人所計劃的作爲大學教授底學術研究發表機關而創刊；其中，以愛爾大學爲主盟，集美國三十三大學專門學校爲一團體；其他國際方面，德國的柏林大學、哈萊大學、哈伊特爾斐爾非大學，英國底劍橋大學也參加；集世界大學爲一團而貢獻學界，在遠大的理想之下發刊學術雜誌；但至第八號因缺乏調和統一之故，以致不能不停刊。看牠一八六一年九月底最終號，則約計四百頁，全部滿載有價值的學術論文，是威風𪘨𪘨的東西。恐怕這大學雜誌就是國際交換教授制度底先驅吧！

七 漸成日刊的大學新聞

大學新聞上刊載漫畫的是一八七六年起，哈佛大學底"Harvard Lampson"，這滿載純樸的戲謔的諷刺滑稽的雜誌；但這也是輕浮兒戲的，沒有長久繼續。然而現在富于此類滑稽味的，以學生生活爲中心的大學雜誌却非常繁殖了。

伊利諾伊斯洲底洲立大學，發行了"Daily Iliny"日刊，這雖是有學生一萬二千零九十二名的大學，但以大學街的小市街阿巴拿底居民爲購讀者，購讀部數達三萬。這"Daily liny"報是以學生爲股東，現在有着評價十萬金元的大建築，地下室中設置着輪轉機，設備堂皇，早晨特在大學與大學街中供給朝報。

★

米蘇哩洲立大學，這以設立新聞學講座一點而論，在美國底大學中佔第二位。但講座發展而爲'新聞學部'(School of gournalism)，洲立大學中却是最初的一個。新聞學者W. Williams氏主持。這里，晚報'哥倫比亞·米蘇哩亞報'以日刊幹着大學新聞紙底活動。在校學生三千八百名，却有購讀額八千部，因爲在大學前的哥倫比亞街是大學街，而街間底一般人都必須購讀這大學新聞紙。也有輪轉機三架設于新聞學部教室底地下室。受聯合通訊社底新聞供給，設置照像班，新聞學部底高級生作記者實習，管理、印刷、廣告起以至販賣底實務。

現在，所舉實例僅爲有數的大學新聞紙中底數種而已。但是大學新聞在美國大學中担負何種任務，由此已可窺見。

八 兩種傾向

大別現在美國底大學新聞紙，可大體分爲二類：其一，可說是單純的報告機關，不過代替大學底揭示板底職務而已。這是代替揭示板的，所以處理教授底休講、諸會議底通告、Game 底時日、大學當局底告白公示等，當做言論機關的批判色彩是頗少的。另一就不滿足于做單純的報告機關的大學新聞紙，而以所謂‘言論機關’，‘輿論機關’的職務爲主，而兼報告機關的。就是他們所說的“Journal of Opinion”。這如名稱所示，是以大學生活爲背景，既討論大學底自由，也批判學生底生活。常常給總長以苦言，也給學生以痛棒。

這兩種，前者存在于較小規模底單科大學或 University 中，後者以學生人數多的大學爲多。一九二四年，哈佛大學底大學新聞“Cremson”報在由思想研究底自由問題而惹起的斐嘉教授事件中，逼向總長以下的教授團，爲大學教授底自主的地位而勇敢地鬥爭；這毫無遺憾地發揮了爲學生言論機關的大學新聞紙底眞面目。後來，教授移到愛爾大學中，“Cremson”報底主張被破壞，但這時底大學新聞紙决不是態度偏狹的。事件底報告是公正忠實，保持學生底意向與大學當局底意向之平衡而報告，批判也是不偏于主觀的，無私的。一九二五年，美國大學新聞紙中有了幾乎全體當面的大問題。這就是大學生每晨強制出席禮拜堂，必須聽宣教的問題。尤其是在愛爾大學，南加大學，辨喜爾悲尼亞洲立大學，巴沙大學（女子大學）中，大學新聞紙更以這問題爲中心，喧擾着牠底是非。然而在這時候，各大學新聞紙都沒有辱沒爲大學新聞底使命，也沒有強橫煽動的態度或排擊的行爲。

最近親眼目睹的，頗成問題的強制軍事訓練之可否的問題，美國由大學新聞而引起爭論，各大學新聞紙竟至發‘共同宣言’。在這問題中如波斯頓(Boston)大學底大學新聞皮恩波特報底學生主筆培阿金女士一般，受了退學處分。紐約大學中，大學新聞爲中心而舉行大學生底一般投票，以二千零九十二票對三百四十九票的多數否决了強制軍事訓練。這時底大學新聞紙底態度毫無煽動氣分，僅以公平無私的眞摯的報告與批判指導學生。當然，有數的大學新聞中，也頗多敗而承認軍事訓練的。但無論如何，都似乎不是反動的、煽動的，也未損及大學新聞底使命。

英國底大學新聞無論如何總甘于舊的因襲中，而美國則節節進展，而展開了不可預期的新大學新聞底領域。此文，不過鳥瞰地敍述英美大學新聞底此點而已！

上海報紙之批評

一、引言

二、上海報紙現勢概觀

三、社評與電訊新聞

四、教育欄運動記事副刊圖畫

五、上海小報一附：外國文報報目

六、最後附尾

——由學生讀者的立場出發——

上海報紙之批評

——由學生讀者的地位出發——

——作者懷着對新聞的熱忱，敢以直率的態度寫出這篇文字。願讀者能由此得到對中國新聞紙之部份的認識。若是能得着志趣的投好，我希望能有個公同的學生的新聞研究的結合。

至於：本文取材發言如有錯誤之處，除了文責自負外；並願接受上海報界的辯白。求中國新聞紙的未來光明。

一　引言

以學生之社會存在的地位，與新聞之社會的存在價值，新聞之於學生讀者，是有牠們特殊的關係及意義的。關於這一點的理論，我已在學校新聞講話一文中說過了。現在我要在事實上，處於學生讀者的立場，對於上海的新聞紙，來試作一度檢查。

這裏所涉及的範圍，祇是由學生讀者的地位出發，作爲觀察的主要的對象的，是以已經被印刷而發行了的報紙，——卽是根據"報面"以作客觀的批判；由此而映證出上海報紙經營的現象及經營的程度。更或使學生讀者，由此而找出自己的"怎樣閱讀"這種"報紙"的路線。

二 上海報紙現勢概觀

上海現在每天發行的日報，共計有：申報、新聞報、時事新報、時報、民國日報等五種。都是只出朝刊，不出夕刊的。——爲什麼不出夕刊？這疑問雖在許多讀者心裏存了很久，但是我們無法知道其原因。

銷行方面，以我個人平日留意結果的沽計，是：申報銷行地域最廣，普遍於各種社會階級。新聞報銷行數量最多，尤其是在商界；這是一家與學生讀者緣分最少的報。時報在本埠的銷行最廣，零售最多。時事新報近來比較很取得學生讀者的歡迎。民國日報則是國民黨的黨報，除黨政軍機關，公團之外是不十分深入一般讀者的，有時也被學生所購閱，但銷行份數，恐怕是最少的一家。

發行張數最多的，是新聞報和申報，通常發行外埠四張半，本埠加增刊三大張，共七張半，有三十版（面）。在這多張數裏新聞所佔的篇幅有多少呢？且拿手邊的報(一九，一二，二二日)試記算，申報計新聞佔全篇幅的五版，（評論在內）文字（自由談、青年園地、藝術界）佔一版。總計新聞文字祇佔全篇幅的約五分之一！而新聞報，則還比五分之一稍少。時事新報共出版三大張，新聞文字社論共佔約六版，全篇幅的二分之一。這是僅就報面篇幅的統計，新申兩報其餘的篇幅，全是廣告，尤其以電影和戲的廣告佔去爲最多。其不經濟於印刷及紙張，其不便利於郵寄及外埠遞達，其不便於讀者的閱讀；都是要認爲“笨拙”的。而且更因印刷與紙張的浪費，直接影響到報價，使一般貧苦的社會大衆不能人手一份。

以上，祇是對於上海的報紙外形上，一種任誰都見到的概觀。我們卽此便可以毫不誇大的說了：中國新聞事業還滯留在幼稚的狀態中。

許多青年讀者，常說"中國的報紙太糟糕了！"表示他們對於報紙的不滿。其實這個被認識爲所謂"太糟糕了"的"中國的報紙"，大都是指上海的報紙而言。在事實上，的確上海的報紙，可以代表全中國的報紙的。爲知道上海報紙的現勢，我們必須把觀察更推進：

中國的經濟現狀，是屈居在國際帝國主義的統制之下的，上海就是被資本主義侵略宰割的市場的出入要道。所謂上海就是東方的國際都市，握着全中國的經濟命脈的總樞。在這種情況之下的上海的一切的經營企業，無不是受着帝國主義的直接管理，或者至少是寄生或仰仗於帝國主義的資本力量而生存發展。上海的新聞事業，也是脫不了這囚圈而落在同樣的情態中。上海的新聞事業開創的起始，就是帝國主義所直接經營的，如申報的最初創辦人是英國人 F. Majer， 新聞報也是由美國人 John C. Fergason 當大老闆，而且還曾經美國政府的註册。所以現在當着上海這些報館主人的都是洋奴買辦階級，依附帝國主義而存在的資本家。資本家所經管的報紙的表現，就是"營利，企業"的意識的全部。所以，當我們每天展開那一大張時，是以廣告爲主體而新聞附之的報紙，所謂被"商品化"了的程度到了這地步，我們又尚何足言新聞事業之"幼稚"呢！

上海的報館，都是設在租界區域，有着利用帝國主義庇護的方便，可以免掉本國的軍閥統治者的摧殘和迫害；但是牠却從來不表示大衆對統治者的抗議。唯誠唯謹的，以穩健妥協的態度應付着各種變化的政治環境。三個月前，上海報紙還受着政府的"檢閱"，現在雖然這制度是在'統一'聲中取消，但其實卽無須檢閱，這些報紙也決不會自動的刊登大衆所要求的言論與新聞記載。那些時我們可以在上面有時看到受檢閱的痕跡以被挖版的空白；然而，現在應該挖去的新聞，却無須經過檢閱的手續，更直截的由編輯先生發表到字紙簍裏去了。新聞是必須要有廣大的社會羣衆（讀者）來擁護，才能得有價値的存在；而上海的報紙，因其隸屬的階級，非特不能如此；反而常給廣大的社會羣衆以隔閡之感，因而對其生出了敵對的心情。

上海報紙旣有了前述的原因，確是爲中國新聞事業的前程，埋伏着極大的危殆。如仍延續着數十年如一日的老方式，不改善，不進步，不顧民衆；那就是甘於自己崩潰新聞的存在了。雖然此時還是被資本主義所控制，存在於帝國主義維持的寄生的形勢中。

三　社評與電訊新聞

新聞的社評，是報道的批判；在中國，一般的稱爲代表民衆喉舌的輿論。讀者根據新聞登載的記事，知道現在世界的社會的生活，一切在變動着的發生的事象。學生們要求新的智識的慾望，比一般的社會羣衆要大；而對於一切生活事象的要求理解與批判的情緒，更較其他階層的民衆要特別的熱烈高漲；因爲青年生活的全部，無一不是在向着將來——前程的激進中。所以報紙的社說評論，是最爲學生讀者所注意的。

上海五家日報，除時報沒有社評外，其餘四報都是有的，尤其申新兩報在形式上是日日必有，而又未必佳的。現在，我們很難找到各報對於某事件同時的共同社評，來作我們比較的材料。但在從前，申報的時評，老是拘謹在勸世的格言箴語的形式中，找出三年以前的舊報的時評來看，現在可當之爲訓世名言。去年民國日報的副刊裏有一篇嘲訕申報新聞報時評的短文，名爲“唱經賣廣告”，我曾用紅筆在“經”字旁加一圈並註曰：“妙哉，經也！唯不幸讀者已慣見而惡之矣！”此亦可認爲讀者心理表現之一斑。

最近新申兩報時評，已一改從前的老調而注意到時事了；然而，這時事非中國的時事，而乃國際間之舊聞也。專以申報論，自時評突進的改革轉到時事問題以後，祂所評到的時事，極少極少。這並不是告訴我們，中國的時事無可足評的；而祇是表明他們的超時事的態度。這種態度的由來，就是他們階級的立場。

然而，對於國際間的時事，其所撰刊的評論，又怎樣呢？——口述無憑，舉例爲證：

(一)一九三〇，一二，二〇：申報時評，原文——

㈠國際間之新糾紛

國際間雖有軍縮之運動。而各國之修整軍備如故。故憂時之士。多以世界戰爭爲危。然以國際間關係而言。法意之間。雖時有齟齬之象而並不激烈德波之間。雖有違言而亦不至有邦交上之危險。以言國交。如今可稱爲糾紛最少之時代。即有一二新發生之糾紛亦極微細者耳。

例如最近蘇俄政府封閉海參威朝鮮銀行分行。日人已向俄提出抗議。視爲不正當不友義之舉動。而請蘇俄政府收回成命。而俄政府之覆文。以爲海參崴朝鮮分行之存在。爲違反蘇俄之經濟財政政策。其封閉實爲正當云云。兩國之間。其事將發展至若何程度。現尚不能預測也。又如土耳其政府。因波斯新政府。釋放其以前曾率其部落侵擾土邊之哥特族酋長多人。大爲憤懣。因發通告。謂業已飭令陸軍部。命各邊防軍。凡哥特族人。再行入界侵擾時。即可便宜行事。派隊痛勦。且遇必要時。儘可追逐至波斯國云云。是土波間之形勢前曾告一段落者。今又變爲緊張也。

註：圈點由作者代加

這篇“時評”，第一節爲引證的序說的冒頭。籠統的說，“……雖時有‘齟齬’之象，而並不‘激烈’……德波雖有‘違言’……‘糾紛’極‘細微’……”試問，讀者們假如要知道“齟齬”與“違言”是指那一事件呢？糾紛之激烈與細微又是怎樣程度呢？這是兩個疑問的符號。

其第二節，爲正文，說的是國際間之新糾紛，但只說海參崴俄國之封閉日本的朝鮮銀行，對事實毫無分析；對起因毫不論解；對事件之輕重以及各方的關係，毫不加以說明；僅於"云云"之後，附以"將來發展至若何程度，現尚不能預測也，"的結語。眞的，社評的程度如何，我們倒可以觀測了。——無須煩贅再多解說，我們祇以其他報紙的對同一問題的社評，移借參照，蓋亦他山之教也。

——第六節：時事新報星期評壇，一九三〇，一二，二〇（二）

外國之外國銀行（三）

海參崴之朝鮮銀行、最近被蘇俄遠東政府所封、至今未見解决、該行設立於一九一六年、當時俄國並不設外國銀行在彼營業、一九一七年革命之後、西比利亞政府始行開放。一九二二年外國銀行之在海埠者、謹有正金朝鮮匯豐三家、嗣後正金匯豐相繼停業、至一九二五年九月之後、僅朝鮮銀行碩果僅存、不意今年始以漁業糾紛、捕去日本行員七人、至今未釋，最近俄政府又禁止該行買兌俄幣及對外匯兌、並派員檢查、昨日更由俄國官廳發出通告、限令該行於兩日內派定核算人、如負債超過時、財產全部沒收、並罰款五百六十萬盧布、同時又征收明年度之稅、限於昨日繳納、日本方面爲嚴重之抗議、結果殊不可知、聞日本對於蘇俄在日本橫濱所設之勞農銀行、亦予以封閉、以爲報復、此種情形、在日本方面以爲日俄經濟上之破壞、但在我國所當注意者、則無論其是非直曲如何、苟有國家之法律存在、則外國人在本國經營事業者、應絕對遵守駐在國之法律、毫無疑義、試觀我國今日外國銀行以租界爲護符而爲經濟侵略者、國人不惟熟視無覩、或且視如萬全之庫藏焉、今聞日俄糾紛、其亦恍然於外國銀行之關係與使命、非徒牟到之商行爲而已乎、

事件的主體、地點、時間、現態、因果，以至其他的意義。這裏面都有一梗概的說敍。以這兩種相較，無疑的後者要受學生讀者的歡迎了。

這裏的一個簡單的例子，我們只求貨與貨比，在客觀的眼裏映出，作社評的法則，及最淺見的智識與技能。又如標題爲“世事與人力（一九三〇，一二，二？申報）的文字，沒有時評的十分價值，冠之以“自由談”，倒十分投稱了。又如“世界之天災”（一九三〇，一二，二？申報）仍是脫不掉“經”的腔胳——

余則以爲天人之間原有相通之道。人當擾亂之時。非盡人心之皆惡。特以地球之運行。適當某種之內、地球感

之而有種種不安靜之象。人類感之而有種種不平憤懣之舉動。故當紛亂之世。而天災亦多。此蓋出諸自然。而非有故爲之。反之而一遇昇平之世。人心既雍然以和。而天體之運行。亦復安然入序。此非迷信之談。他日苟能科學進步。必能知其所以然。　（原文）

對於宇宙間自然界所發生而及於人類的災患，不以科學的探討，不鼓勵人們向科學研究之努力；而祗以毫無意義的感嘆，作成“於是這般”的唯心論的時評！報導批判的價値，不知被掩埋到何處去矣？

民國日報是屬於國民黨的，雖然也很注重社評，但牠是代表國民黨的意旨的，這兒無須有所論列。祗是民國日報也以其所屬的地位關係，所以黨國要人的名言偉論也登的特多。這種“代論”或“專載”的文字的內容，有時我們已見於演說紀念週報告的記錄，有時已見於電訊的摘要裏，所以時常發現同時間的重覆，或不同時期的複述；這也都是不經濟篇幅和讀者時間的地方。

上海各報的社評，以比較的結果看，事實是時事新報較能獲得學生讀者的部份的滿足。因爲牠的社評的撰述，是較能夠被稱爲所謂“社評”的；在社評“如是”之今日上海的報紙裏。另外因爲牠還有“星期評壇”及“致時事新報函”，也是足以被稱薆的理由。最近，學潮極爲高漲，該報由這所引起的對教育及學生方面的社評，有很多篇。由中央大學至中山大學的風潮，都有專文；但牠中心的被表現的意識怎樣？我們舉出牠的代表理論——

（一）“整飭學風之鐵律”（一九三〇，一二，九，）一文，係根据教育部整飭全國學風令而作的：質言之，其目的在擁護該項命令。其中分析學潮的原因和應注意之點曰：

「緣致學風之壞、動輒藉口改良校務、罷課要挾、甚則擅自集會、散發傳單、供人利用、妄分派系、馴至放僻邪侈、靡無不爲、」如整飭學風令所舉者、誠所不免、然事實上學生之能課、不盡含反政府之色彩、故以黨派言、

此爲整飭學風中甚可注意之一點、學潮之爆發、復不盡

含有政治的色彩、故僅有同在正大光明、青天白日之旗幟之下、各樹門戶、掀風作浪、此又爲甚可注意之一點、學潮之分野、復不盡以學生之妄分派系爲之主體、發縱指使、操闔闢法者、或爲獨當方面之職員、或爲儼然師表之教授；學生或以尊敬之私、或以服從之義、不自知其爲學業犧牲者、熱誠於言辭奔走、若指爲搗亂、則指天誓日曰尊師、若指爲工具、則指天誓日曰愛校、其行可議、其誓可信，此又爲甚可注意之一點、

綜其要義：一，學潮之發生，盡是由於含有政治色彩的反動誘惑；學閥與政客的派別以利用學生作爭持的固亦須負責任。這理論，是承認學生之在學潮中，是無論意識的或思想的都爲被動。完全抹煞了學生有政治的醒覺與學生思想前進是客觀的自然的趨勢。學生有讀書的自由，除了被學閥政客的利用外，有政治活動的自由；也被一字不提的否認了。“試檢往事”，（該社論文句。）五四與五卅的歷史，足以說明的了。是以學風囂張，實應由教育部長以迄學生，共負嚴重之“責任”，該社論在說了教

育行政者的不當之後，繼以這個結語；實是謂學潮的發生爲國家之絕對的不幸，而應該有鐵律以制之的：

……今以行政院令、先行樹立「學生絕對不得鬧風潮」之鐵律、自是國人所願擁護之救急辦法、且望推此鐵律行之、校長須由政府任命之一切私立大小學校、以絕各黨各派自私自利者之凱覦鼓煽、俾教育界回復至平靜之狀態、然後進謀推進與整理、庶幾教育有實效之可言歟、

所以這最後的結論，便就謂要整飭學風，必先清理教育行政；使學生不致被系派的利用。到那時，即使欲發動學潮亦無所得從，且學生更將並愛國運動而亦俱與消滅了。這社評包函了治理國家教育的深遠的澈底的意義。這是值得學生讀者們注意的！

時事新報的整個意識，上例當不能完全代表的表現；然而一種改良主義的開明政治的主張，讀者是能“溫情”的感受得到。

其次，更有一提的意義的，是時事新報常能在

說話之有"拘束"的現在，利用"照映"的方法而放胆直言。如"日本現內閣之反動"（一九三〇，一二，一九，）的社評，事實原爲對日本政府壓迫言論的批判，對象原亦爲與中國風馬牛不相及的。而該報在標題中赫然稱之爲"反動"，並於最後理論的說：

> **言論之力量**、**與民權強弱**、**政治良窳**、**常成正比例**、而力量之發揮與進步、必在不可抗之漸進之中、求之歐美歷史、各國孰無壓迫言論之過程、然嚴厲之程度、與日俱逝、日本濱口內閣於壓迫之始、豈不沾沾自喜、而終不免於狼狽、此乃報施之最速且著者、若更透視一切、則不但因民意潛力之不可侮、即以**報紙之精神生命**、**與政治家之政治生命**、互較短長、亦可知言論之終得勝利、此雖謂爲歷史的斷論可也、

註：圈是作者加的。

這直是：消極的爲言論爭自由以聲援日本新聞界之反抗。而積極的，則對中國欲壓迫言論控制自由的政治當局，預加嚴重的警告。

其次，我們再說上海各報的電訊新聞。一切的

新聞，由通訊員做了初次的製作，當將其蒐集在一起時，仍還是新聞的原料。必須要經過取捨而加以編輯上第二次的製作，方發交印刷而成爲報。所以我們以讀者的資格來求閱報的便利；這裏就要對於上海報紙的編輯技術，來加以觀察了。

在編輯的法則上說，祇要有"新聞價值"的新聞，僅能測其中價值之輕重而序列前後，並分其性質以作類別的輯集。——即新聞學裏所謂"綜合編輯"。但是上海的報紙，却是分欄編輯的，所以我們每天閱報，時時看出分欄的弊病，這弊病直接就影響到讀者閱報的便利了。

上海報紙的電訊新聞，在量的方面，申報因爲財力較雄厚的關係，比其他各報較多；新聞報有時也利用機會和申報競爭。然而牠們都抱着"有事必錄，錄而必載"的定律。我們在這兩家出版張數最多而所謂的大報上，常發生兩種極端矛盾的感覺，即：空虛與混雜。如中央國府的會議記錄老是以"××第×次常會"的標題，順了開會儀式的次序，在固定的記錄之型格中，更遞每次不同的決議和報告。又如戰事消息裏，總是沿用固定的詞句——“×軍——×時克服×地俘虜敵軍若干，戰利品無算……”。這些的內容固爲新聞，但讀者每天都碰着這些陳舊的敍述方式，好像平淡無奇的覺得新聞都陳舊了，發不出新聞的興味。（這類實例，不勝枚舉。）其次，申新二報報面的格式，也總是年如一日的，絲毫不注意標題字形及排版的美觀，再加以拙劣的廣告羼入其間，於是作成死板的齊整，在讀者的眼前顯現着白紙黑字的雜混，在本埠增刊上的廣告，更現着特別的粗魯。總之申報新聞報二家，牌子雖老，規模雖大，電訊新聞雖多，其實所得的功効，恐怕還及不到外國只出兩張的報。

因爲分欄的關係，一條新聞常使讀者旣見之於電訊欄（卽第一版。），又見之於要聞通訊，或甚至更見之於本埠新聞，而其時間則爲一天。

例如一九三〇年十二月二十一日，時事新報，第二張第一版，載有如下的標題的新聞　新聞從略）：

窮苦和尚出路

戴夫人主張根本救濟

利用廟產辦教育實業

使此輩有教有養

又，同年同月同日同報同張第四版“教育界”第四篇，則載如下的標題的新聞（新聞內客與前完全相同）：

利用廟產

興辦實業教育

鈕東恆之主張

戴季陶夫人鈕東恆女士，於前日上海紅十字會議長王一亭宰…

時事新報關於電訊的編輯，向來在上海是較好的，牠的特處是緊湊精要。然而不幸得很，我們覺在編得較好的報上，發現了上面的事實！

——自然戴夫人的議論是值得贊揚的，而且也有相當的新聞價值；該報以特別標題且特飾以花專，應不會讓讀者又見之於"教育界"的吧？——

所以，我們實在可以不必舉出申新兩報的不勝其舉的實例。

——時事新報仍然是分欄編輯，這種不成法則的方法有牠本身的不通，我們可以隨時屢見不鮮的——

——如時事新報，旣有教育界的分欄，那末關於教育方面一切的新聞，在"理"依"律"，就應均刊之於教育界的。但是，如"粵中大拒長潮烈"（一九三○，一二，一六，時事）這種新聞，却刊之於第三版的要聞中。又如學生與教員因風潮而涉訟公庭（約在十二月初，曾見時事新報）的新聞（這是眞正的有新聞價值的教育新聞。）該報却刊在"社會新聞"欄裏。——

而且，社會關係愈趨複雜的現在，每一問題，都是與一切互相影響着的。在新聞上最適於時宜的整個中的部份的發現；一加分欄，就分散了讀者對社會的連繫而整一的觀念。

時報每天出版兩張，插圖極多；內容注重社會新聞與運動消息，有時登載專門關於運動方面的文字，有套色版印刷，這是上海——中國各報中最特色的一點。而牠更爲最特色的，還是牠的新聞標題，欲新穎以致詭奇，有時竟特別的“過火”。對本埠新聞極注意，卽如工潮與青年被捕的新聞，有時爲別報所沒有的。

四　教育欄—運動記事—副刊—圖畫

外國報紙雖然都是綜合編輯的，但關於運動競技的新聞，平時大都有專設的“運動Page”如極盛大的國際的運動競技新聞，則出特刊，或卽載在第一版上。

（如九屆遠東運動大會在日本舉行時，東京各報不論朝刊夕刊，都把大會的消息刊在第一二版重要的篇幅上。）

但是，對於教育，却極少設有專欄的，而如上海的報紙樣分割疆域這樣的淸楚（？）。學生讀者因爲是過的學校生活，其對於教育新聞之注意，及對於運動記事的一般的愛讀，這是不待說的事。

上海的各報，除時事新報專設有"運動世界"，及時報的特別致力於運動欄外：申，新，民國三報都是將運動消息附於教育欄裏的。我們展開申報的"教育消息"看，其中又有"要聞"，"本埠"，"體育"等欄內之分欄，但教育消息則仍是申報比較上多。民國日報的"教育"，雖沒有這樣更精細之分，而體育消息則最不如人。時事新報的運動世界與教育界的編者，是有名於運動界的人。所以"運動世界"所佔的篇幅，不但比其"教育界"大，即其內容亦似覺比各報精釆。時報雖然是"特別的致力"；若讀者拿兩種報同時狡閱，就總覺得時報的"琳瑯滿目""五花八門"。這卽是新聞的精與不精的問題。總觀上海各報的教育記載，除了教育的新聞以外，很少有"學校調查"或關於"學生生活"的論評及記敍的文字，這是極有價值的新聞。——不僅使學生與教育者可以知道自己處在的一切，並更可以把這一切展覽於一般社會之前的。缺少這，應當引爲共同的缺點。但如時報及時事新報的體育記事中，常刊載運動家關於技術的發表，和整篇的關於競技的評論，這却是充實新聞切近於讀者的進步的地方。

學生讀者此外和新聞發生較密切的關係的，是畫報和文字副刊。文字是學術的或時事的專載文字。副刊，是一種刊載文藝的或社會生活的一般的小品文字。另一種是專門學術的各種副刊，——由學術團體撰稿或自由寄稿，定期的附於報紙出版發行。一個完全的報紙，須有圖畫新聞及副刊的，因爲這是新聞所必須有的部份。當然這內容還包涵了各種的類別，這裏是不及加以敍說的。

上海報紙的副刊，其歷史最久的，是自由談（申）和快活林（新）兩種，卽普通流傳的稱爲“報屁股”的。這種報屁股，對於一般的學生讀者，不能投其所好。在牠存在的價值上說，直接的就是代表上海的“市民文化”。內容旣不能完全以“趣味”爲中心，又更說不到“文”或“藝”，連載的長篇小說，如“心上溫馨”和“荒江女俠”，我們祇要一見這題名，就猜想得到牠所“說”的是什麼了。小品文字，幾乎都是在同一的典型中所生產的——

在一月中，我們至少總要看見幾篇如“軼事”，“×地歸客談”，“文虎”或“詩謎”……等等的文字。不必統計，亦不必多舉例，手頭有——

(一九三〇，一二，一二。快活林)

說復卦

（柳簃）

易經復卦。復其見天地之心。今冬至已到。天地之心可以復見矣。先是剝卦。後是復卦。說剝則曰不利有攸往。說復則曰利有攸往。說剝說到剝膚之災。說復說到出入无疾。唐太宗云。治國與養病無異。然則無病者。即洪範康甯之謂也。聖人治民。無一夫之不獲。殆即復卦无疾之謂歟。易乾卦上下皆乾。乾以象天。然而朝夕惕。乾進德修業。進退存亡須不失其止也。坤卦上下皆乾。乾以象地。然而履霜堅冰。由來已漸。陰疑於陽則必戰也。夫進退存亡失其正者。天道之變，陰疑於陽則必戰者。地道之變。必如何而後可以彌綸天地之道。必如何而後可。範圍天地之化。蓋必復見天地之心。而合大人者與天地合其德也。復者。反復其道。七日來復也。程子云。積陰之下。一陽復生。天地生物之心？於滅息。至此乃復見。其在人見爲靜極而動。惡極而善。本心幾息而復見之端也。術今冬至之一陽初動。即復見天地之心。剝極而復。吾是以說復卦焉。

這文章，讀者如果讀過易經，或許可以懂得他的深奧。但可惜我們現在所學的，是可以圖表說明的，可以實驗的科學。陰長陽短，我誠不知"復卦"作何解？於現代社會生活有甚作用？但是，我們把這說複卦和前面引出的"世界之天災"兩篇，聯繫對閱一回，才知道他們的理論，都有互相發明之處，並都很有根據的了！

由此，我極誠懇的說，報屁股所給予讀者的，除平凡的"有閑"和"無謂"的"自由談"外，完全是維繫着過去的宗法、封建、陳朽的學說，並延續着殘餘的一切非科學的傳統觀念和習慣。質言之，他不但不能助長報紙促進文化的功能，而且還是在積極的敵對時代！

另外，聽說這些屁股的特約撰稿人，在上海的小報文壇上有特殊的勢力和地位的，美其職業之名謂"禿筆糊口"；實在就是寄生報紙的文氓。我曾調查：在十個學生讀者中，竟有八個都是說："這本來是'付之一笑'的"。於是這時我就回復這些朋友："付之一笑"者，是個人的不看牠可也。然而印刷工人的勞役，高價的紙張，可貴的篇幅，新聞的任務，都被其犧牲則實非可惜乎？——可是我們終於每天還是要看報的！

幾年前，時事新報的學燈、民國日報的覺悟，在當時的上海，頗還能博得學生讀者的愛閱，可是現在，學燈僅殘剩爲"青光"矣，較諸快活林與自由談，也祇因編者的"資格"之"老嫩"與否而爲五十步與百步之差。覺悟更今非昔比，最初時期的努力，於新文藝及當時的革命宣傳，竟與當時的"時代"俱以消泯。時變勢遷，今日覺悟更由黨八股時期而銳變爲"閑話"的統一了。——

閑話原爲民國日報的乙種副刊，亦卽該報之報屁股。現在覺悟與閑話合併爲一，去閑話之名而存其實。內容仍充滿了十足的"空閑之話"。

時報沒有特設的副刊，祇常刊載兩長篇或散文筆記之類，與新聞記事綜合列於報面的。——

所以時報雖簡略，讀者甯可歡迎其簡略而不要那配合報紙形式的報屁股。

此外，除民國日報的星期評論和時事新報的電影兩種週刊的附張外，再沒有一個或種學術的副刊了。

申報藝術界和青年園地，是附於該報本埠增刊的；但本埠增刊以廣告爲主體；所以藝術界無固定篇幅，也不是每天都有。藝術界是專刊藝術消息及藝術方面的記述和評論等文字，青年園地則是刊載學生讀者的寄稿。這可以說完全是屬於學生讀者的副刊。——

可是實際藝術界的內容並不充實。不是絕對的客觀的公開的"新聞的立場"；對國內文壇藝術界的態度都隨着編輯者自己個人之所屬，而限制於某一統派。最近的唱導民族主義文學，就限制了使讀者無從由該刊而明白別的一般文壇情況。至於關於書評，執筆者既無絲毫批評的理論，而又落於無聊的標榜。

在"青年園地"裏，我們也時常讀到非青年的投稿而是"作"家的"隨筆"之類的東西。這屬於學生讀者的副刊，是附於該報的本埠增刊裏，外埠是想不配送的。所以外埠的學生讀者，無形中被剝奪了閱讀的權利。未知申報的經營者，也曾想到這一點不？

所謂本埠增刊，在新聞的經營上說，是專載"地方的"新聞及廣告的；名爲"地方版"。可是上海各報既有本埠新聞欄，可以配送外埠；而又有本埠增刊。如申報這樣，這都是自失新聞的意義的。上海各報的競爭，不在讀者的實利方面和新聞的眞實來謀發展，却是形成一種"別人有，我亦不可缺"的追隨。

最初申報有了本埠增刊，於是新聞報也跟而出本埠附刊，於是……。最初時報有了畫報，於是申報、新聞報、時事新報也有了。新聞報的本埠附刊，也刊載"文字"的。但是眞有"不盡欲言"之慨。

以現代新聞的進步，外國報莫不有“婦女”及“兒童”的副刊，上海祗有民國日報及新聞報曾有兒童的專欄，算是“聊勝於無”。可是婦女的專欄，却是連足以“聊勝”的都沒有。所以小學生或女性學生讀者，還在希望他們的“糧食”呢。

報紙圖畫，有畫報，新聞插畫，時事寫眞，及諷刺漫畫等種。現在上海的報紙總算有四種畫報了。我們認爲比較最合於藝術美觀的條件，取材也較多方面些的是申報的圖畫附刊。時報的畫報，是最特色的，牠的取材百分之九十九以上是閨閣名媛，和女運動家游泳家(？)的芳容。照像銅圖都如受檢閱般的整整四方，齊齊排列着。有人譏它爲“廣告賣像”，倒頗得其逞。紙張墨油印刷最劣的，是新聞報畫報：風景畫沒有攝影的美術，排版也竟弄巧成拙。

漫畫與諷刺畫，靑光刊載得頗多。藝術界也偶而在文章中忽然印一幅女人像片，與文章並非有闕；讀者也雅不欲餐此秀色。至於時事寫眞，那是各報都極少極少的，——這是指畫報以外而刊在新聞一起的圖畫新聞。難逢難遇我們看見一兩次時事照像，但——

一九三〇，十二月二一日，各報本埠新聞都載出法租界納稅華人會的華委的照像。但各報都是把照像製得同樣方圓，同樣大小，而印出來都是同樣的模糊不清的黑團團。其各個之不肯"示弱"，竟不約而同的以至如此！

總觀以上種種，上海報紙和學生讀者的隔離，實是遠而且長。但在最先已經說過，上海報紙是仰給於帝國主義而寄生；牠的不進步，正是牠適宜的生存。我們處在有報紙等於無報的目前，在每天展閱的時候，就須在意識上建立侵害的防禦。

五　上海小報——附外文報報目

小報原是都會生活的產物。可是上海的小報却還具有另一種發生的理由：就是讀者不能滿足於大報的結果。大報所不敢載的遺漏的新聞消息，社會新聞的露骨的記載，這就是小報的內容。現在小報更被失意官僚利用以作造謠，被流氓利用以圖敲詐，其種種卑劣下流無恥的現象，我們不知已聽見過多少。而且經營小報的人，大都是自由談快活林這一流的"文豪"，所以小報之發生的過程，也可說是由大報之報屁股所蛻變出來的。晶報是小報最老牌而自稱爲"社會文藝之結晶"的；但牠就是一切小報的典型了。

若小報銷路愈廣，文化的阻力就愈大。雖無須用理由的說明，但我們一加考察小報與大報的關係，應該知道這是中國現在政治環境所必然造成的。

由於一般讀者——大部是學生讀者的更不滿或厭惡小報，於是產生了"生活"這一類小報的週刊；在最近，這種週刊出版的極多，有的固仍免不掉因襲了小報的醜惡，但有的却超過最老資格的生活以上。假使自慰的說，這也許卽是"進步"吧？

最後，再把上海外國文新聞紙的報目，附記於此：

1.上海每日新聞——每日發行3000份，是日文報紙中最大的。

2.上海日日新聞——每日發行2000份。

3.上海日報——每日發行1000份。——以上都是日文的。

3.Shanghai Times——美。

5.Evening Post——美。

6.Daily News——英。

7.China Press——原爲英人所經營，最近已爲申報經理史量才買下了牠的股權，已成爲國人所經營的了。

8.Gourval de Shanghai——法。

9.Shanghaiskaja Zihgni——俄，譯名爲上海生活。

上海的外國文報紙，不可不謂發達；這直接證明了上海的外國勢力之大。最近以前，外國文報竟無一個是中國人所經營的；這更證明了中國新聞界的力量與程度之低弱。為了使學生讀者有讀習外國文的機會，而去購這外國報紙；我們是可以沉痛的認為：這是處在帝國主義者的公有市場之上海的便利吧！

一九三〇，一二，二二。

最後附尾

本文已交編者後之很久，作者偶於書肆中發現一名為開展之刊物，竟在該刊內，翻得有關於上海各報附刊之批評文字一節，語句雖似有失"莊嚴"，但要亦為"輿論之輿論"也。為使本文得有參證，謹一字不易照錄於后聊當最好之附尾：

今，進而以言上海各日報副刊，其轉變情況，也很有值得濡毫以記之的。申報的『自由談』新聞報的『快活林』，大約是由於出世的時辰或落葬的方向所註定，依然酸氣沖天老死在下流的途中，似應提作別論。至於時事新報的

『青光』，『民國日報的『閒話』，在最近期間，據說都先後轉變了。

『青光』的所謂轉變者。大約是在一星期前登刊了一篇非驢非馬莫明其妙的章回式長篇白話小說『紅花瓶』，署名蛹公的作者，傳說就是那位自稱戲劇界前輩而被南京各劇社闢走的某文明戲子。若果傳說而係實事，則文明戲子又將轉變為文學大家，自然無疑。捨此而外，那些×××軼事輓××博士等妙文 依然如故，如此轉變，其情況實不啻于滑頭洋貨店之由特別大減價而轉變為關店大拍賣也。

談到『民國日報』，似乎免不了令人想起了那位姘大小姐而又姦佔了小姨子的淫棍，强說他老先生現在已從黨部委員轉變到鐵窗囚犯，可是大主筆餘威尚存，實不敢多說。退而談到閒話，則又令我想起了昔日之姚賡夔而現在的蘇鳳其人；我初次看見姚先生是在蘇州，那時他紅頂其瓜帽，曲襟其背心；鞋則雙樑，褲則紮腳，唇紅齒白；的是一個有些女人味兒的小白臉，而人也聰敏，除掉能寫些卿卿我我鴛鴦蝴蝶，禮拜六派之類的文字而外，尚會在女學校的游藝會裏鑽上台去唱幾句八角鼓詞。不謂相隔未久，重遇姚先生於上海，則彼已洋裝革履；挺胸凸肚，郎才筆為文，居然也能寫幾首字句長筆短好像用刀切齊的新詩。評査其所以然，則姚先生已由小白臉而轉變爲閒話編輯矣。

因爲看厭了『大學生吃醋』『女學生選皇后』之類的傑作，企求閒話的轉變，誠若大旱之望雲霓。不久的近日，閒話眞的轉變了，可惜所轉變的，祇是把覺悟併入閒話，增大些篇幅而已。還有；還有每期登一篇陶樂翠女士的信吧，如此轉變，未免有些像把黃包車牌香煙塞在茄立克匣子裏的玩意兒。

總觀上述兩副刊之轉變，途徑雖有不同，其結果却是異途同歸的往下走，學一句章士釗先生的口吻，似乎有些『每況愈下』。然而，眞的這樣說，則又未免給人們認作不懂世故。嗚呼！難哉！

——“展開”第五期P,157

向街頭的女性

一、"花瓶"不是女性的出路

二、向街頭的女性——

三、女記者之任務與工作

四、女記者之養成的條件

——略論女性之社會的出路

並談女記者——

向街頭的女性

—略論女性之社會出路並談女記者—

一、"花瓶"不是女性的出路

"隨着社會經濟情勢的變革與進展，女性是已經不再能逗留在閨閣裏，永度着那附庸於男性的，專以性與生育爲生活目的的生活了。女子在人數裏佔着了全數的一半；現在是亦要負起人類勞働中一半的任務。"——由於這一個前提的理論，於是"婦女解放"這一個名詞及其運動，是在到處都泛流着牠的潮浪。最近我們走進大百貨公司去，在玻璃棚裏面，可以看到許多年輕美貌的女子，在佔着職業的位置；到運動會去，可以看到許多活潑天眞的女子，在跳躍的把握着健康的體魄；在各種集會的場所，可以看見許多的女子，在和男子爭奪着社會的地位；……從這種種的觀察，儼然是好像已經開始了新的時代了：尤其許多人常常互相誇示的說着“你看國民會議的議席上，居然有女代表哩”——這一類話的時候，就肯定的滿足了上面所說的各種皮相的而且是被動的現象。

——這些皮相的現象的實質是怎樣呢？

顯然的我們可以看見，大百貨公司的雇用女店員，其動機與目的：是與飲食店的雇用女招待同樣的是爲了“以廣招徠”。而國民會議的女代表，也等於是政府機關的某部或某衙門裏的安置“花瓶”而已。女子自身爲了生活的苦難，不得不尋找職業；於是就被男性中心的社會對女性之神秘觀念（由於婚姻與性行爲之商品化所造成的）所利用，而趨就女店員、女招待等等社會的從業；並視其爲出路。

但在失業恐慌的現在，這一種出路是極其狹窄的。牠仍然是祇能容許少數有機遇與方便的（即是有人緣與所雇用的機關的當權者有關係的）人方才可以通過。所以就在政治上，爲另一部份的少數留着了“花瓶”的空位。女子爲了‘捨此無他’或爲了這一機關生活的待遇較優，並不一定以能力爲準則，而在誇示上又有相當的好聽，大都是樂於當“花瓶”的。這兩種職業的與政治的出路，其實在的結果，是異途同歸，從宗法封建社會的附庸蛻而爲資本社會的奴隸！從禮教的囚牢裏轉到黃金鳥籠！

同時在農村裏的農婦，仍然是終日勞作；在田間耕種了之後，還是要燒飯、育兒、作丈夫的奴隸。在工業區的勞働婦女，也仍然是面黃飢瘦的，永日在沒有陽光的工房裏，被機輪壓榨着。專依持着生理而賣淫的娼妓，也仍然是無數量的普遍在這社會。………

所謂婦女解放，究竟獲得了什麽成効呢？——顯然這幾種此路不通的出路，是在欺騙自己！而爲未來，這正是佈設着的障害。

二 向街頭的文化女性——

自然，這一問題的解決，是屬於整個的社會問題。然而爲着整個社會的變革，女性們不能不有新的自覺，要在這社會變革的過程中，加入她們的力量；那末有了相當教養智識份子的女性，在這變革的前夜，或在未來的社會裏，是有着一條不可忽略而已經忽略了的出路。在：這是在現今的中國感着特別的需要的。

過去在文化的領域中，女性祇是被作爲詩歌詞賦裏的題材，祇是被作爲特權階級文化的綴飾品，卽如現今衙門裏的"花瓶"同等。現在女性爲本身的努力，不能讓新興文化也被男性獨佔了去，在廣大的婦女羣中，現在的環境是急迫的需要着向街頭的文化的女性工作者。假如我們也如一般的稱謂：要在"店員"二字上加上"女"字，那末現在我們是需要有志於新聞工作的"女記者"了。

新聞紙在現社會裏，是與一般人日常生活最密切的供給、表現文化的總匯。人們可以由新聞紙上知道自己的生存；人們也可以從新聞紙上看出將來的進路。當着社會一切在變革轉動的現代，從事於不同於資本企業的新聞紙的工作，在如今是重要的。女性爲了尋求婦女解放的出路，爲解決個人的職業，從業於新聞記者這一條路，在如今是更重要的。要正確的使女性能參加文化、創造文化、享受文化；第一必須要把握文化機關的新聞紙，必須要有女性當中的若干人去做這文化機關的工具，——部份責任的工作者。在“花瓶”時代的現在，這是有着獨立精神與偉大的使命的。

三　女記者之任務與工作

說來這是一種於女性自己——尤其是對Journalism 抱着志趣的女性——是極有興味的題目；在資本主義社會裏，這種“女記者”（或稱爲婦人記者。）外國是已經有過許多關於這方面的逸話或歷史。大概過去的說明都是這樣的：

“女記者之需要：是和男記者執着同一的業務，而且在某種範圍的活動裏，她們的功能常可以超出於男記者之上。所謂某種範圍的活動，是指關於文學、美術、等類文學的寫作；及家庭婚姻或其他兩性問題等類事項的探訪；在新聞社的組織裏，女記者多是屬於編輯局內的婦女部、或兒童部；及專任整理與保管的。

“在英、美、日本女記者之在新聞界裏，已極趨發達。到近來，她們的工作已不僅局限於上述之部份了。自從歐洲大戰之後，由於社會之一般的進化，她們也能不問風雪寒暑、不問險阻艱巨的從事於各種新聞的探訪。決不因了生理的不同而與男子記者們在工作上有所差異。……』

這種說明，表示了過去女記者的兩個時期：1.是女性參加新聞界的最初。2.是現代女性在新聞界已單獨的佔住了與男子同等的地位。

在各種文化的部門中，新聞紙是當着重要的中心。新聞紙的讀者是一般的生活於社會上的羣衆。在這廣大的讀者羣衆裏，女性與男性是相等的，一如社會是由男與女之相等而組成的一樣。所以女性之參加新聞工作，在其本質上是已無疑義。祇是因了以男性爲中心的社會組織把男與女之間的疆界，在建立着壁障。女子之從事新聞工作，要作爲另一問題來探討；亦就是根据了這個緣故。現在被目前社會環境所決定了的所謂婦女解放，是如此的皮相的而且被動的。關於女記者本身既已說過；那末歸納了婦女解放的現實情况，我們對於女記者之需要有着下列的幾種意義：

一、爲解決在失業恐慌中的女子職業問題（指智識份子的女性。）這一條路是必須要開闢的。

二、爲廣大女性服從於社會文化的機會，參加新聞工作是有迫切的需要。

三、女性自身爲教育（思想的，智識的。）自己而使一般的女性，都能得着眞實的自覺與努力，從事於新聞工作，是最有主觀的便利，與客觀的効能——即利用新聞紙之社會存在的價値。

四、爲擴大文化鬥爭，爲準備未來社會的需要，智識份子的女性必須要佔領新聞界的一部地域。

肯定了這幾種意義，對於女記者工作的綱目，除了原來那祇屬於整理、保管、文藝、家庭……等之外；也必要的再作一新的沾定：即如，要認識時代的動向，確定自己的生活意志；在新的路途上邁步：

一、調查農村婦人、勞動婦人、娼妓等被壓迫階級的婦女的生活狀態。

二、指示一般婦女社會從業的途徑。

三、婦女參加政治運動的問題研究。

四、婚姻、性、家庭、等問題的討論，與事實的批判。

五、運用新聞紙的力量，領導婦女羣衆致力解放運動。

六、其他：（凡屬於社會所發生而爲新聞所要記載的一切。）

新聞記者的工作，是時時刻刻的依着社會生活的動靜而動靜着的。——他的工作場，是‘在街頭’。女性之從事於新聞工作的，在上列的幾個綱目之下，顯然也必須是‘在街頭’。我們不能如在‘店員’之上加上‘女’字，而顯示社會是以男性爲中心的來稱謂這種工作的女性爲“女記者”。就着現下的需要，就着此種工作的本質，就着從事於此種工作的女性的本身志趣，要稱之爲‘向街頭的女性’。

四、女記者之養成的條件

中國努力於新聞學的研究，而準備從事於新聞工作的女性，已經有了。現在雖還沒有看見她們工作表現的成績，但在努力的進程中，自有着無可限量的未來。但爲了歷史積習的造成，與一般人在這過渡期裏鑒別男女之不同的（即所謂女子終於不及男子的話。）原因——所謂‘生理的差異’這立論上看，向街頭的女性，是必須要具備幾個基本條件：是除了一般新聞記者所具備的基本條件之外的，這裏，從別種社會工作之比較的結果來具體的提出——

一、眞實確定自己工作的意志，不能隨時爲特殊環境（如屬於女性的個人生活的問題）所動搖。

二、養成對社會的眞實的感情，不能存心要求虛浮的榮耀；或有驕傲自得。

三、鍛鍊堅苦耐勞的體魄，不能存心有過分的物質享受的慾望。

因爲從事於此種工作的，第一必須是要有相當的智識和思想的修養。這三點，祇是最淺見的根據爲女性自身的事實，智識的女性們在這畸形的病的社會裏沒有出路的當前；與其終日埋頭在房裏用原稿紙而希求作文學者的努力，不如到街頭去！到街頭去，去漩渦於實生活的各種複雜社會事象的經歷；去體驗、記錄、觀察階級對立的鬥爭，以及被壓迫者百般的疾苦；其値得敬佩的勇敢的精神，是如新時代的戰士之偉大一樣。

一九三一：七，一一。

向Journalism之道

一，題前話：釋題

這樣，用了演講的方式，我站在你們諸位之前。想着，這是非常使我歡喜的事；因爲在這機會裏，我可以認識許多在學問上的同好者。但是諸位知道，我現在正是和少數朋友在經營着文藝新聞，終日是在爲經濟，爲新聞在奔忙的，所以今晚匆忙的來到貴校，我能向大家說的，恐怕是非常的簡略或者竟使你們失望。然而我也並不爲此謙讓或客氣，因爲我們大家都以同等年齡而且都是開始去向Journalism 作開發工作的同伴者，在這個難得的相聚裏，我是願意把個人的意見供獻給諸君，以待諸君之商榷。這爲我自己，也許是很有進益的吧。

大家知道，新聞學在中國還不過十數年的歷史；到最近，在出版界裏可以搜集得到的此類的文獻，也是非常的有限，而且都幾乎是"概論"方面的著述或翻譯。在已經有把新聞學成立爲專門學科的學校，現在可以數出的也僅有三數大學而已。至於說，在這一方面有過著述出版的人，或是有過專門研究的人，現在也是很少的。在十數年以來的新聞學運動的成績，是這樣可以看得見；可以被稱爲新聞學者的人，的確也太寥寥了。現在，向這一方面努力的人，是逐漸的在多起來，即如像諸君樣的這樣的熱心於此道，這就是很可喜的進步的現象。但是據我個人約略調查所得，現在有許多致力於此學的，大都祇以得到一般關於新聞之經營的理論，及普通的新聞之製作技術，就認爲滿足的。這實在是太簡單了。而這簡單的理由，即是疏忽了或輕視了學新聞學的應先要有一個最基準的修養。

我，在童年的時候，曾經是七個月的印刷所排字房的學徒，那七個月的埋首勞働於鉛字窖裏的工作，是對我作了最初的 Journal sm的教化。後來在連初中都未能得着畢業的二年多的學校教育中，又因與同學的發行學校“窗報”——用手寫，貼在宿舍寢室的窗門上的。——而養成了編報、辦報的最初的工作經驗；繼之，我這長江流域的各處流離中，曾有兩度正式在報館裏幹事；這於是決定我對新聞學這一名詞的認識，興趣，甚至到如今的傾注的努力。經過了這樣的一個過程而到達於現在的我，是和在中國現在各種家庭社會壓迫下成長着一切的，與一般的青年朋友——就如諸君也是一樣的。但，這個過程說來似乎祇要幾句話，而牠的內容却極爲複雜。正因爲‘複雜’，所以辯證的决定了我們學新聞學的應先要有一基準的修養。再要把這意思裝飾在題目上，這就是現在寫在黑板上的“向 Journalism 之道”數字。

先前已說過：我是同諸位一樣的一個少年人，在學問上我正是學習努力的時期，今天要說的，祇是關於自己平日觀察所得及被時代環境所決定的幾點。為告白於大家，我不得不說明上面這一段開場並表明我自己。

二、對現代新聞之一觀察

每一種學問的目的，都有其實用性的。如醫學的目的是為醫治人類的症病，並預防減少人類的疾病以衛護生理的幸福；如自然科學，是引用各種的原理與方法，而為種種的創造的發明，給人類物質生活以莫大的便利。同樣的，新聞學的目的，是為了新聞紙的。牠亦是闡揚研究新聞紙之理論與技術的。新聞紙，在現代社會裏，大家都已經知道了人們每天之需要閱讀牠,是和需要吃飯一樣的重要了。所以：報是什麼？報如何在社會存在？怎樣辦報？怎樣辦了報才得好或壞？……——由於這種種屬於新聞紙之研究的而綜合所成的'新聞學'，是成了實用的科學的一種學問了。我們現在正研究着的就是這個。

每一種學問都與時代社會的變遷互相因果的。但因果關係最爲關切的。或竟有着操縱這因果關係權能的，那就是莫過的新聞紙了。新聞紙，在新聞學上理論的解釋，是：'傳播思想，發揚文化，在時代前作大衆生活的一種中心的仲介機關。'所以，我們有志於新聞學之研究的，就是準備從事新聞事業，——準備作這種人類社會中心的仲介機關的工作者。我們在新聞工作的實際上，可以知道這種工作者所必備的技術的、學識的、理論的等等本身條件，而再從這條件之獲得的這原則上去下功夫。這就是被稱爲'新聞學'的此種學問的內容，及其研究的任務。

在新聞紙最初發生的那時社會，人們互相的生活關係比較簡單。後來隨社會的進化，人們互相的關係也逐漸趨於複雜化了；於是新聞紙也被成爲學問的在研究着。可是，這種研究，還祇是限於簡單的技術部分的探討與發明。及至到了近代，由於資本主義的進步，一切的經營或出品，都商業化與商品化了；於是新聞的經營，也隨這趨勢的力量，在資本主義下伸長牠的勢力。關於這，我們在資本主義發展到最高度了的黃金的美國的新聞之經營上，可以見到實證。而現在這資本主義統治力量是普遍在全世界，世界到處的人們的生活被這個可怖的經濟大手在控制着，把握着；在弱小的國家甚至於如次殖民地的中國，是一絲一毫也未脫逃出這囚牢的。所以，我們可以明白現在的商業化了的新聞企業，是在這資本主義的原則下存在而且進展。

中國的報紙，我們一考牠最初的歷史：知道牠是隨着國外的資本帝國主義勢力的侵入而俱與發生的，牠就是乘着帝國主義最初來開掘中國這殖民地的砲艦,陪伴宗教而來的爲商業發展的文化侵略。上海的申報與新聞報就是由於美國人與英國人之手所創辦的。直到如今，雖然這些報館的大老板已經是所謂同胞的我們的中國人了；但這些人，他們之所以能夠得着報館，却完全是因爲他們在現在中國的社會存在上，是‘買辦階級’。——是協助帝國主義對中國作着經濟侵害的商業經紀人，所以，現今的中國的——上海的新聞企業，是正與現今的上海社會經濟的形態一樣，在洋人與洋錢的勢力統御之下，又得着有利的政治的因果條件而建立了生存於望平街上的！

可是，我們又考察一下新聞紙之社會存在的本身的功用：是'傳播思想，發揚文化，在時代前溝通大衆生活關係'。——那末如上所說的這樣的新聞紙，是不是達到這種任務了呢？我知道在這一點上，一定有人要發問。不過，我又以爲這個發問並非必要。在某一程度或意義上，也許牠是完成了牠本身之任務的。然而問題却是在現今的中國的社會了：現今的中國社會，到處都仍在苟延殘喘的維護着封建宗法的遺留。而現今的報紙，却正做了這樣的社會之代言者，在適宜環境中生存着。在社會進化的意義上說，牠正是時代的尾巴。當着舊時代之死滅及新時代之到來的過渡期裏，牠正是阻擋於新的進路的口子上，寫着'此路不通'的路牌子，騙欺着要去通過這新的進路的人們。其實，時代的前途究竟是通不？牠却始終不敢斷言；旣沒有爲一切人先去試探一個倒底的勇敢與盡職；而同時祇用無謂的恐嚇，行使欺詐。這，在我們是應該去探試牠的原因的，牠實在是知道：倘若人們一通過了這進路，那就是牠們自己的滅亡！因爲牠是現社會的謳歌者，代言人，牠不能不有這一點小聰明的自知之明。

三，新聞與時代的變革……

像這樣的，如他們自己所誇示宣傳的：所謂充實或者致力於社會文明的現代新聞，牠之於時代的意義，對光明的新的社會之創造，自不待言的是形成了很強力的反動的力量。我們都是年輕人，有着青年的熱血與光明；大都是嚮往憧憬於未來的。而且對於新社會之改進，是不僅祇嚮往或憧憬而已；在這新舊過程中，大家都是把那鬥爭認爲己任的。在各種不同的鬥爭的路線或方法上，每個人是擇擇了自己性之所近、技之所長的一途。現在，我們是學新聞學的，是準備修成自己之新聞的理論與技術；直接是以備將來去從事於新聞工作，間接也就是要參加社會革命鬥爭，用了我們的技術和力量。

但前面說過，新聞本身是怎樣一個東西，而現代新聞又是怎樣一個東西的話。這是說過了我們對新聞本身的認識與對現在資本主義企業的新聞的價值之觀察。所以現在，我們又必須要進而去探討時代的變革與新聞的關係這問題了。

資本主義的社會，包涵了階級的矛盾。階級之對立的鬥爭是必然的。資本主義企業的新聞，牠當然是被決定屬於大多數階級之對敵的少數人階級的。如前面所指出來的現代的新聞的意義。可是階級對立的鬥爭是日趨尖銳，發展，尤其是現在動亂到了極端的中國社會。——我們不能不承認：在時代的變革期裏，新聞對於社會的前進，是具有着莫大的推動的力量。即如現在盡力在維護宗法、封建之持續的中國報紙，牠之反動的阻害作用，也是不可忽視的。所以，無論在那一種革命史上，我們都可以看出那革命前後，却有依賴於革命的新聞紙之幫助的史實。到最近，在革命的事業裏，已認爲獲得新聞機關爲必要的手段。新聞紙對於時代變革，牠所能効力之處的不僅是報告革命之來的福音，而且是聯絡廣大社會羣衆的最好的組織機關。而且卽在新聞的本身，牠亦必須要在羣衆——廣大的讀者前，建立自己的權威，去取得廣大的信用與擁獲。

那末，現在我們要把話說來到我們自己的本身上來。我們在現在研習這新聞學，當然决不會祗是研習就算完事的吧？我們當然是有着一個共同的最後的目的。目的，當然不待言的是準備着投身於這種工作裏去。是把希望也完全放置在這點上，所以我們正經着準備的時期。

到將來，我們是新聞事業的工作者了。由於工作的决定，在一般先輩從事此業的經驗結果，都告示我們說：一個新聞的工作者——或卽新聞記者，他至少要有下列的諸基本條件：

一、學業至少要有大學畢業的程度；

二、對於一般政治、經濟及其他要有個別專門的學問，要有體系的一般的理解；

三、要有豐富的科學常識；

四、要有豐富的生活經驗；

五、要有涵養冒險的勇敢與興味；

六、要有健壯的體魄；

七、要有忍苦耐勞的精神；

八、要有敏銳的感覺與敏捷的行動；

…………

這幾項的基本條件，除一般的而外；那關於學識方面的，應該先要有中心思想的基準。這基準必須是由於時代的客觀條件而辯證產生的。即如一個新聞的工作者，不但理解一般的政治或經濟的原理，在社會的進程上，他更必須要在那中心的思想之基準的原則下，能得辨解那政治或經濟的現狀，再進而論斷其出路，推測其結果。這樣，我們在如今的中國社會環境裏，尤爲萬分必要。對於一個時代的變革之來——向廣大的讀者說明這一切的，是新聞的工作者之職責。

在資本主義的新聞企業下，因爲牠本身包涵了極大矛盾，所以新聞的此種最大的任務，多是被有意的忽略過去，或者有意歪曲了事實與理論以欺騙讀者——廣大的社會羣衆。而中國新聞紙，却竟然是完全表示這種意義的，因爲中國的新聞工作者，大都根本就不懂新聞紙存在的價值。也不曾明瞭這種工作的職責。對一切消息之傳播，與事象之報告，完全愚蠢的順從着所謂促進文明的現代新聞紙之本身的矛盾，忠實做着統治者的附庸奴隸。

四，向Jounnalism之道

根据先前所說的一切，現在我個人所得的結論是：我們學習新聞學，除了新聞本身的理論與技術的研究以外，在自己向此道開拓前進之先，應先要有一個最基準的修養，從現代新聞之意義上觀察，及新聞與時代之變革的理解之結果；現在簡單的說明，那祇是一句話："社會科學的洗鍊裏，確定科學的中心的思想。

在中國一般的學新聞學的，大都是把最大的努力，放置在‘概論’上去。這在我個人覺得是未免簡單了，而且輕蔑了新聞學。但是，中國現時的環境他們既沒體會到，而他們各個的環境又把他們圈住了，使其不得不爾。然而，我和在座的諸君，在現在的中國報界裏，都還是未走到職業的工作的路上去，在舉步邁行的此刻，一切都不能不考慮到。

至於說，現在的中國報紙究竟如何的問題，這在我另一篇上海報紙之批評的文章上大概說過。此時，上海的報界正用着資本主義的勢力，在進行‘托辣司化’的發展與併吞，而他們所出版的每天被展開在我們的眼前的那幾大張，於時代的意義上也盡了極反動的能事。所以在這裏，我是十分的在希望學問的同道者們，不要把希望的眼光，時刻傾注的投在望平街的高樓。那地方，祇是附庸的奴隸們的寄生窠。我們隨時要學理的辯解一切，由種種的辯解的結論中去決定自己將來工作的態度。

有許多同我們年齡相上下的青年，他們從較安逸的家庭裏出來，在社會受着較優裕的教養，由於一種特殊的不眞實，不科學的心理的促動，使他們也滿懷了趣味要研究新聞學。可是把他們平日的表現稍一留心，我們就可以知道新聞學這名詞被汚害了，而中國新聞界之前途也正埋伏了不幸：我曾聽得說，××大學新聞學系的學生，有一次由他們的教授引導到報館去參觀，走進排字房裏，學生羣中就有人說那裏空氣太壞，不能久留。走進印機間裏去，就有人很留意那裏到處都有的油墨弄髒了他的西裝褲。在現在的學校裏，當然無論在那一學科內，都是少爺公子佔据極多數的位置。但像這樣走到印刷處去要說不衞生，要講淸潔的新聞學的有志者，這却是很値得可笑的話題。在這樣情況中，我還可以找出一個實例來告訴諸位的：最近在上海有打着“民族文學”旗號的人們，出版了頗不少的無聊的小刊物，在那裏我們常可見到一個名字，我由於對這名字所寫的文字發生一種說不出的感慨，於是就引起調查他的興趣；調查的結果是：一，具有這名字的人是打着“民族文學”旗號下的一名小卒。二，因爲要包辦某報附刊的稿費而專在那附刊上作書報介紹；而那一家書店給他津貼，他就爲那一處書店介紹新書。三，是××大學新聞學系的學生！這，請諸位想想看，這位也是學新聞學的“同道”，他和上海小報專以詐騙爲生的記者能有什麽兩樣嗎？他所以要學新聞學究竟是抱着怎樣的目的呢？另一種我所見聞到的，是他們以爲新聞記者是所謂淸高的特權階級，抱了所謂“無冕帝王”的思想，以爲一旦做了記者，可以出入官府能常和大人物接近，或甚至因此可以作官；卽平日在社會上，有了“一枝可以抵得三千毛瑟槍”的筆，也自然有人可以送錢給他們用，甚至嫖妓女、吃館子，都可以不化一個大。這在目今的新聞界，固然都是不足稀罕的旣有的事實。他們一把這印象印在腦子裏，就滿心滿意的等待‘××大學新聞學系畢業’的資格。所以，假如我們遇見了這樣的學新聞學的人，就可以看出最淺薄下賤的。而且他們引爲得意之處的，那卽是1.服飾的精緻的研究，2·一見人就說出口齒伶俐的公式化的應酬話。像這些，我們能看到前途的危機。對於這些人，我覺得我也不必去把他用來多談，或認他們爲我們新聞學界裏的可恥的事。根本我們可以明白，即使他研究得有技術，那也不過是望平街裏那些老吃報館的人的新陳代謝而已。把時代意義加在我們自己的肩頭，這些現象，是加重了我們鬥爭的任務！但是，從這裏我們勉勵自己，我們要養成十分的科學的理智的頭腦，克苦和勞働的精神。要從事於此道與此業，必須要有犧牲的殉職的決心。

以上，就是我之所謂的基準的修養。

最後，我們再談一談現在的實際工作。我們祇知道了現在的新聞不能使人信任，這是不夠的。我們要利用各處的環境，在自己的手裏創造理想的工作。即如，諸位是過着學校生活的，那末創辦學校新聞是唯一的對象了。再如，貴校是在這江灣的鄉野間，那末到附近的農村去，試着去創辦農村新聞，這也是最好的機會。如果農村羣衆識字不多，那也可利用這機會做着‘口說新聞’或‘圖畫新聞’的活動。新聞，是一種異常迅速敏感的一種屬於社會羣衆的活動，關于牠本身的理論和技術，是不像其他學問樣淵博深奧，而他却是廣泛無際的。我們在研習新聞學的，應該了解從事於此學之前的完美的修養，與從事於此業之後去的愼審的經歷。至於其他，如：機械、製版、造紙、航空等與新聞發生最密切之聯繫的諸專門研究，在現在的中國也是幾乎沒有；我們是十分的希望，需要這一方面的有志者的蹶然。我們可以說新聞學並不深奧淵博，但在牠涵有的一切裏，却是眞實而又眞實的，科學的科學。

勞中新聞學會的諸君，我知道你們在較苦的環境中努力着學問的探討的。我懇切的願望我們大家努力！今晚非常匆忙，話說來很凌亂，因爲事先之忙而無預備，想來是無須說抱歉之類的話的。現在，就止於此。希望此後常常通信討論，或在別的機會裏再見。

一九三一，八，二四，補記。

現代學生與現代新聞

上

從課室到街頭

從書本到工作

下

在印滿了鉛字的紙上去開掘

現代學生與現代新聞

上：從課室到街頭，從書本到工作

"現代學生與現代新聞"，——編者給了我這一個課題，我想這是頗值得提出的問題，而且在某一程度上說，這也是很有意義的：一、現代社會，正來到了所謂"新聞時代"。即新聞已到了可以操縱一切的人及一切的事的力量的時代。二、學生大衆，在現代，他們也不僅祇是在書本上用功而求獲得及格的學分，就可以算得是完成了讀書的意義的。換言之，現在學生不能祇是終日的坐冷板凳，讀死書做書獃子，他們應該更要顧到實際的生活——實際的社會。

新聞，是實際社會的影映物；一般生活在社會裏的人和事，都不能或時的與牠（新聞）脫離了那最低限度的關係。學生，是生活在屬於社會的一種特殊的環境裏的，由於如和一般的社會羣衆一樣的環境要求，及如上所說的"讀書要顧到實際"的特殊的環境的要求，新聞之於他們（學生），是具在了很重要的關聯。

這裏，我先來向讀者報告一個可以作爲參證的例子：這也是一個閒談的話題。

我有一個朋友W君，不久才離開學校生活，現在的生活是在半失業半有業的狀態中。他從社會科學及革命理論的書籍裏。獲有了很前進的思想。所以，他同別人一談起話來，滿口都說的的書上的言語，在初見者看來，此兄正是博學之士。可是你假若向他偶然的提到時事問題，則不但瞠目不知，而且他毫無興味的沉默下去，或者竟置你不理而去看他的革命理論了。他從來不看報紙：他以爲報紙祇是買賣人和作官的人才去看的。然而，他很有志於社會科學，他不曾想在新聞紙上去搜集一點可寶貴的實際材料；他研究革命理論，卻也更不在新聞紙上去觀察現在的政治，及現社會的一切。——這是可笑的矛盾。

反之，假如他即使沒有過學校生活，或者就是他的環境，不允他有入學校的可能；而他無論在何時何地，一有機會就閱讀新聞，也許他所獲的，是十倍多於他現在所知道的，是十倍有用於他現在所用的吧！可是，他那可笑的矛盾已經形成，現在的半失業狀態，與這不閱讀新聞的缺憾，看來是不無因果的。

我們知道，一本書，啓示給我們的是某種理論或原則，乃至於技術的方法；但某種理論和原則甚至於技術的方法，在其實用上，是會得到如何的效果或成功呢？這，新聞每天每天就都在回答着的；一切關於人類生活的。尋找答案及將答案與問題的配合研究，這就是閱讀新聞的問題了。所以；爲從書本到實際，現代學生，是不能有一日不和當日的新聞紙見面。一種書，是限於某一問題或學問的單獨的解說；一天的新聞紙，卻是萬種事象的記錄，百般問題的提示。新聞紙是社會大衆的一部活的百科大辭書。更是學生大衆之活的『辭書的辭書』。

學生之在學校，是爲求得智識。學校所給學生的智識，是以固定的課程，授與程度不同的固定的學生；而新聞紙，在其本身的功用上說，也負有教育讀書的使命，除了新聞的報告以外，還能夠供給智識於社會的閱報者。但，這智識是不能有程度等次之分別，因爲新聞的讀者是社會各種階級的人，社會事象亦極複雜。所以，新聞紙的智識之提供，是範圍極廣泛而質量無限制的。所以，某新聞學者曾說：新聞紙是負責社會教育的一個活的大學。

學校所供給的智識是理論的，原則的；新聞紙所供給的智識，是活動的，實際的——經驗的。從這簡單的說明和相較裏可以區別出來。現在，我們可以說，現代學生關於智識之獲得，要一種通過了從課堂（學校）到街頭（社會）這一過程的工具。這工具，不待說是新聞紙了。

現代學生，是現代社會各種經營當事者的後補人；照普通說，所謂'現在的青年學子，是將來的社會的主人'。由這決定，一個現代的學生，他絕不能只死在書本上用功夫，對於實生活的百般的社會智識（即=人生經驗及其他等等。）之獲得，亦爲必要。這就是把學校與社會這一較單純一較複雜的兩種不同的環境，使其溝通。作爲此種溝通的機關，不是從社會生活裏來的教師們，也不是經過了文學或其他作用的小說，戲劇以及電影等類的東西；最直接的，最快速的，最完備的，最有功效的，唯一的此種溝通機關是新聞紙。因爲，新聞紙在一般社會羣衆中，直接的是人與人廣大的相互生活關係的仲介者。

我某日與留學法國回來的葉無法（任現代中學校長）君談話，偶道及學校的新聞教育問題，葉君謂法國中等學校，絕對不許學生閱讀新聞紙，其理由，根據他們的教育原理，謂係中學生不應當與聞一切政治或社會的實際問題，仍殘留着盧騷所謂『與社會隔絕，自由發展天才』的主張。大學則比較自由，但無論大中學對於新聞學設專科或選修科目，則沒有。最後葉君並對於此種中等學校的施教方針表示贊同之意。關於這，如果是在十八世紀時代，倒無庸置辯；在現代，則無論是法國或中國，這種「隔絕社會，發展天才」的教育主張，就實際是在陷害學生！這是使學生生存雖在現代，而精神則在復古。待學生一離開學校，到社會則不知所之？這情況在中國如果發見，那牠的反作用就更特別的顯然。中國現代的精神，完全是青年大衆撐持着的，假如在現代中國的學校裏有了此種現象，那學生們為了自己的將來的社會之進路，應當抗爭。

總之，學校是青年們向社會去的一個經路，或者竟為某一部份有着物質環境的方便的青年們之所謂的：必然的階梯。在這過程中，現代學生應該要使學問與生活的實際，有牠應有的相互的聯繫，卽：從課室到街頭，——從學校到社會，從學問到生活——從書本到工作；——從求學到求職，都當要藉着串通於這些之中的橋梁，來渡過我們人生的進取的途程。很明顯的，作爲這橋梁的是現代新聞紙，所以我再重複的說一句：現代學生不可一日無關係於現代新聞紙！

二：在印滿了鉛字的紙上開掘

現代學生，不可一日"無關係"於現代新聞紙，這"關係"，我們是怎樣的來確定牠與解說牠呢？這是現在要更進來作考量的課題的。

普通大家都以爲，這問題祇要"每天都要閱報"這話，就可以囘答了。這實在是過於簡單。自然，閱讀是最先決的必要的；但我們決不僅是閱讀而知道了就算了。當如何閱讀，當如何由閱讀而去深入的知道，知道後又將發現何種效用？這都頗足尋味。尤其，中國現在所有的還不能滿足於我們的報紙，以上諸端，更是會成問題的。

一般的社會生活的人，他們對於閱報的最大的目的，祇是在求知道自己所生活的周圍環境，每天所發生的變動，以及天氣、市況、物價、政局、戰事、商業、學術、……等凡登載於新聞上的，而與他們各個的生活距離切近的事物記述。學生則不然，他們生活在社會的大環境中的學校的小環境裏，除了學校以內一切是與他們本身發生關係的以外；一般社會的一切，刊之於新聞上的，是與他們的生活，隔着在較遠的距離的。在生活的形態上，學生大衆與一般社會大衆，與新聞之關係及意義，是比較的疏淡；但在生活的性質上說，學生大衆與新聞之關係及意義，是超於一般社會大衆之上的，極爲緊切，極爲深重。這就是，學生們要把自己所獲得的智識，從新聞紙上體驗到實際的經驗上去。

例如，一個研究經濟的學生，他可以從教授及圖書館裏得到原理的知識，了解世界各國的以及本國的經濟的制度之變遷及其歷史；他又研究現代的經濟的特質，關於這研究，他就要從新聞紙去找覓各種實例，以及搜集可以提供爲自己研究的材料。反之，其他學問的專門研究者也同樣的有此必要。這是關於輔助學問研究的。再如，一個文學愛好的學生，他一定每日都要翻閱新聞紙的學藝版（副刊）；一個愛好運動的，他也一定每天都要翻閱報紙上的運動欄 (SPorts Page) ；以及其他的各個就興趣、目的之不同，而各個對新聞存在了部分的關切。在那大張的滿印着鉛字的報面上，他們在發展着自己的希望，激勵着自己的努力，到某一種程度時，新聞又會帶給他們的成功的慰藉或失敗的哀愁。每一個動躍着的青春，不但在課室裏可以成長他們的前進，而在新聞上，通過了智識，滲進了少年生命的熱力，渡着經驗，更可以促成他們無限量的成長！青年在學校，曾有人說是如珍花之在溫室一樣，這是一種驕養。現在，假如學生們可以由於新聞知道社會的坎坷，與人生的甘苦，他們將成爲一個時代的鬭士的，那末是在溫室裏，他們必須體驗室外的天地！新聞卽是萬衆所共在的天地之縮劃。

這兒，我們再來說一說學生們如何在滿印了鉛字的園地上去找集自已所需要的糧食？——這就是閱報的方法問題。

關於閱報的方法，首先要顧慮到的，是現時的中國的新聞紙，不能給一般讀者信任，不能給讀者滿足的。在這樣情形中，學生讀者們應當隨時有所注意，不要被這些報紙的虛僞報道所欺騙、所蒙蔽，對於新聞之是否眞實，要注意有所鑒別。鑒別的方法，也就可以依據這新聞的本身：如這一月某報紙關於某事件有過數次以上的記載，我們可以把這同一事件的記載蒐集起來，再加比較，再與其他的報上所記載的加以參證，再藉着其他類似的事實及人情、習慣、法理加以推論；這樣，比較可以得着一個究別來。最容易的是戰事消息，我們在看報時不妨帶着地理書或地圖，從這裏面，我們比較也可以找得一些眞實。

其次，中國報紙關於學術的記載最少，我們在目前也祗能把別的記載來作研究的資料，至於說報上的文學或藝術，在現在也是很使我們失望的。我們現在最好是能每天規定一些時間，來多作翦貼的工作，就是專門注意與自己最有興趣的，和於自己意志的某一問題的記載，無論牠是簡略或詳細，都把牠翦下來貼着，並標明年、月、時間及從何報翦下，如留心勞働運動的，那末凡新聞所載的罷工事件及一切關於此問題的記事，都翦貼保留着，到了某一時期，這很可觀的成績，就是難得的材料了。這於自己的學問研究，實在有莫大的幫助。又如，研究法律的，如果能每天把新聞所載的法庭記事都翦貼着，將這些材料，隨時都與法理參照引證，那末在將來無論做律師或法官，這搜集研究所得，就等於是閱歷已久的可寶貴的經驗了。諸如此，各個以所學與所好的不同，自己去發掘自己前途的寶藏。新聞紙無時不是輔助你進發的助力。

現代學生，要將自己的精神及努力寄託給‘現代’，‘現代’的精神及其演進的記錄者，是新聞紙。“新聞紙是一部活的人類生活史”，我們不能疏忽了這偉大歷史之每天的一斷片。我們每一個人，都是歷史推進中的份子，疏忽了時代就是疏忽了自己的生存。青年在學生時代，就是做人的準備與開始，在這對一切都是準備和開始的時期裏，我們要認識這由白紙而印成的新聞的力量；及與新聞之聯繫的意義和價值。

一九三一，八，三〇，病中。

中國學校新聞片記

中國的學校新聞，和中國一般的社會新聞一樣，比較於別國的，是落後得多多的。上海各大報的"本埠新聞第二版"(社會版)的記事，日常的以誨淫誨盜的題材，爲相互誇示，競爭的標的，"人獸相交"、"同性戀愛"、"印度阿三雞奸販報童子"……等等反常的事故，尤最爲他們所珍視，不惜以大量篇幅，多數人力，致力以趨，記事內容文筆詞藻之講求，都唯恐描寫的無微不至。學校的青年讀者們，日常受着這種"養料"的灌溉培植，於是使他們在學校社會中，生出同樣的需要與模擬，而具體的反映在學校新聞的表現上。

現在，就所僅有的材料中，舉出記實如下：

■"民族的"復旦學校新聞

——關於復旦曦聲社 彬·

——一九三〇，十二，七日刊申報本埠副刊——

這一學期中，復旦的素負盛名的壁報潮又如波濤澎湃般地汹湧起來了。自開學起截至現在止，先後所發刊的壁報如短波無線電、紫鴿、閩潮、燦爛、反晨，等不十來種，其中最精采的，最使當局者所注目的，莫如按期出版從未延期的曦聲社所主編的'曦聲'了。它是每三日出版一次，內容極形豐富，有正確的評論，有趣味的東宮春秋，有敏捷的關於學校當局的消息，更有嚴整的批評文字，因爲它，最有成績的一步工作，就是以中國文藝界今後的趨勢及客觀的需要，而來估量普羅文學的沒落。同時，以精密的眼光來分析普羅作家的內幕。這些，自從曦聲上發表了之後，極引起一般同學的同情，由此看來，普羅文學在中國文壇僅有很短的歷史便告壽終正寢，這也是必然的現象；曦聲壁報，在復旦能夠成爲最有力者也是爲了這個原故。

復旦的壁報，資格最老者我們不得不首推短波無線電，它的消息很靈通，因爲復旦五日刊還未曾出版之前，但在這無線電上已先它露佈出來了。所以，一般好奇心的同學，對於它很表懽迎，在它每一期出版之前，必定有許多男女同學一叢一叢地在那裏瞻首探觀，尤其是東宮裏的比較稍露頭角的小姐，常含羞似的挾身其間，她們最怕的，就是有關於她們春情的祕密被該報披露了出來，在男同學方面，則這消息最表懽迎，這也是必然的現象。最近，這資格最老的短波無線電，不知爲了什麼緣故，延期出版了，而且它有許多新鮮的消息，都被後起的曦聲壁報採訪去了，卽如這次復旦校董的議決案，在未公佈之前，學校當局是絕端守着祕密，但是在曦聲壁報×期出版的那一天，已經很正確的把這消息披露出來，由此一來，同學們則沒有一個不對於曦聲加以崇仰。還有，自曦聲發表嚴整的分析普羅作家內幕之後，頗引起其它壁報的響應，這也不得不推爲曦聲所努力的功蹟。

'東宮春秋'，是阿枋的傑作。按期披露，極爲動人，據阿枋說，爲了這'東宮春秋'，不知引起了許多的風波，今天不是甲女士親手寫信來聲明，明天就是乙女士寄書來質問。有時，還有不署名的女士差東宮使女送一封素箋來開玩笑，阿枋抽屜裏像這種緋色書箋，眞個多極了。一束一束的令人羨慕不已。可惜它不是情書，否則，把它挪來出版，阿枋倒可以得相當報酬。因爲他寫這'東宮春秋'，實際也費去不少的心血。不過阿枋也有許多可慰的地方，就是他所負着的'東宮包探'的盛名，不但轟動了復旦全校，卽使海上各宮的宮主們，也沒有一個不聽了他底大名傾倒了的！

曦聲壁報，在這一學期中實有不少的貢獻，以復旦全校的壁報而言，它底成績實佔其冠。這也可以說復旦同學們'有口皆碑'的。該社社員計有十餘人，但是他們的芳名都祕守着，眞是悶葫蘆裏面的藥。不知到何時始願宣佈，不過他們能有這樣的精神，來辦一種壁報，而且在很短的時間內，能夠得到如此優良的成績，委實值得局外人的羡慕。

學校給假在卽，同學們都積極地預備學期考試，所以曦聲社的社員，在昨晚（星期三）七時舉行一次茶敍，到者計有十八人，由黃奐若報告該社成立的經過，及所做的工作。其次，刁聲鶴報告編輯的方針，都侃侃而言，極動聽聞。最後討論下學期進行的具體方案，結果甚爲圓滿。並推選李菊時爲籌備委員，在寒假中計劃一切，以俾明年開學時舉行首次茶敍再繼續討論，積極進行，並決定廣徵與本社宗旨相同之社員，以加壯發展之力量。在相當範圍之內，擬出版旬刊一種，專供社員發表研究文藝的心得，由此一來，明年的曦聲社，定有一番新氣象了。

餘興是阿枋報告東宮豔史，趣味百出，引起在坐諸社員轟堂大笑。可惜是阿枋這學期要戴學士帽子了，來年曦聲的'東宮春秋'，不知有誰來担任，這是很使我担慮的，雖然該社人才濟濟，但東宮包探之職司，却祗阿枋一人能夠勝任，這是同學們大家公認的吧。

朋友們，等待着吧，請看來年曦聲壁報的新面目。

二 復旦學校新聞現勢

——刊一九三一，四，六日。文藝新聞第四號——

（復旦通訊）復旦的歷史頗長，最初編壁報的現在在做大學教授的也有，留學的也有。據說，在極盛時有四五十種之多，那末以最近的狀況說來，不能說它是強弩之末，也祗能說它是中落了。

在過去，壁報中最美的最動人的題材，當然是取給於女同學的言行舉止，聲容笑貌，尤其關於兩性生活的描寫，與夫宮廷中不易爲凡俗所知的豔聞稱史，爲一般同學所歡迎。若是某報消息靈通，記載詳實，描寫靈動時，那在該報的報報前一定的是不斷的湧着臉上浮着笑容，或竟有失笑出聲的多數的讀者。其中男同學佔多數，教授也會在回府之暇提着黑皮色駐足一觀，甚至茶房校役等也會參加展覽。最可憐的便是密斯們——不，姑娘們，尤其被登載着的新聞中的女主角們，她們沒有這樣勇气。在這樣多的人叢中去閱覽的。她們對壁報差不多全都懷着兩種心理，那是‘一則以喜，一則以懼’，我若是以舊小說的筆法寫來，便是喜的是它們對自己與愛人的讚美，懼的是它們竟會把自己的 Romance 揭戴了出來。’曾在一旁冷眼觀察過的人對我說，“她們在看過壁報之後，有兩種不同的嘴臉，一種是春風滿面，喜气揚揚；一種是柳眉倒豎，杏眼圓睜”。

所以會收到這樣效果的原因，便是由於現代新聞記者的無孔不入，與生花妙筆了。

在記者們之中，姑娘們最怕的，是她們題他的綽號爲‘東宮包探’和‘花和尚’者，卽名震復旦的阿枋，爲了他那嬉皮笑臉的文字，也不知給姑娘們駡過多少句；盤過多少口舌；累得阿枋，每天只是和姑娘們開談判，有機會再加上到訓育處去吃幾頓‘色白大菜’。可是他的精神是始終一貫的，仍是不屈不撓的盡着他做新聞記者的天職。差幸，上學期阿枋畢業了，姑娘們的眼中釘拔去了。我想大約有不少對的愛人們‘額唇相慶’吧？

社會上新聞記者不容易做，報紙不容易辦，猶可說也；而學校中的新聞記者不容易做，報有被封的可能，不可說也！這學期壁報倖存者，僅：曦聲、Dawv Press、勁風、閩潮及

Sporting News 等數報而已。蓋因此學期，姑娘們有女生自治會之組織，其決議案中有檢查新聞一條，玆照錄如下：

校中壁報，皆能代表學生之言論，登載有價值之文字，則是以代表一校之精神。苟有內容關於女同學個人或團體之名譽者，與學校聲譽及女子地位，皆有莫大影響；故組織檢閱壁報委員會，推周淑英、羅禹廉、劉厥謀、陳兆文四位及本屆委員（按爲黃澹哉、梁培樹、郭箴一、李超羣、范同璋五女士。）負責每日查閱壁報。

於是，上述諸報中還時有扣留、查封等事發生。說它是言論出版無自由可，說它是女權澎漲之結果亦可。新聞界現正組織新聞記者聯合會，羣謀對付之策云。

……………………………………

復旦是江南有名的大學，也是在江南唯一的設有新聞學系專科的大學。其學校新聞的發達，自在意中。在前錄兩篇記事中，對這學校新聞之普遍的觀察，我們發現了些什麽特徵呢？透過了這記述文字的底裏，那除了對社會報紙之色情的內容，作了一步一趨的幼稚的模擬之外；其“最有成績的一步工作，就是以中國文藝界今後的趨勢及客觀的需要，而來沽量普羅文學的沒落。”

這一篇文字的作者彬君，據說卽是復旦新聞學系的高材生以包辦當時申報‘本埠副刊’的稿費的、中國民族主義文學運動的一卒，他在壁報介紹的文中，巧妙的對中國普羅文學運動，帶偷帶措的放了一把冷箭，斷言說，“普羅文學在中國文壇僅有很短的歷史便告壽終正寢”。然而，到我執筆爲此文的兩年後的現在，恰恰得到相反的證實：民族主義的‘前鋒’，却先自在這“更有嚴整的批評文字”中，被大衆唾棄而消滅了。——這，看似應是題外的話，但實際却也正針指出了復旦學校新聞的狂悖、幼稚的“有口皆碑”的原形。所以，他們壁報的內容，也祇有唯一的依賴於“報告東宮豔史”這一點，來存在於他們的學校中，以爭取姑娘們怒嗔喜愛和供給色情談助於大衆爲能事了。十足的表現了殖民地都市的"公子哥兒文化"的本色，是"鴛鴦蝴蝶派"，"小報文豪"之新的承繼者，其最可佩仰的，倒還是他們這小才子小佳人，在滿懷了纏綿悱惻的情緒之外，再有些據說是從什麼古羅馬、古希臘來的"勇士風"，說是"我們要有民族意識啊"！事實呢，却是把自己關在屋子裏，對着鏡子修飾自己的臉嘴：——一面用以謳歌吃人血啖人肉的"黃人英雄"、一面用以作"花和尙"。——這類"壁報"，正好就是這些爺們打胭脂抹粉的鏡子！你看，牠咀咒普羅文學運動的沒落，牠自己却先就'早洩'了——牠懼怕無產階級大衆抬頭，不得不遵從眷養牠的主人的命示，企圖以"民族意識"來欺騙自己，來欺騙大衆。欺騙總是虛心的，所以，大衆吼聲一起的時候，立刻就鷄犬無聲了。

我們看日本的學校新聞，可以知道牠在學生運動上，在思想鬥爭上，是如何勇敢上進的；佔有文化史的光榮。我們看英、美的學校新聞，也可以知道牠在學術、文藝，乃至政論方面，是盡了如何的貢獻；是獲得了怎樣適宜的讚譽和價值。現在，我們看了中國這一型的學校新聞，又如何的無恥，下流！雖然，我仍然樂意在此特爲記錄，爲了供給於將來的學校新聞之從事者作'談助'。

★　★　★　★

學校新聞之壓制，這樣的事實很多。被壓制的原因，主要的是由於思想鬥爭，但也有是完全由於學校當局，爲對學生言論謀封鎖、禁絕，而不論及學校新聞內容之如何，即出以壓制，取締的。如——

■江南學院的法治精神與"鉄血"的故事……

江南學院壁報風波

▶壁報出版須呈請立案檢查

▶大衆黑板二記者除開學籍

——學生以鉄血和生命爭言論自由

——院長也有鉄血和生命請你滾蛋

——文藝新聞第六號未刊稿——

（江南學院通訊）看到第五期上一篇關於復旦壁報的文字，連想到我們江南學院的壁報風波。（江南學院是還沒到一年歷史的法政專門學院，男女同學衹四百名。）

去年一學期，很沉寂很平穩地過去，今年一開學，新同學就發起了一個細語壁報，開始熱鬧起來；出到第二期，因載一女同學去年曾被學院當局祕密開除，今年復來上課之簡短消息，這位女同學見之大爲嗔怒，逕行將該報撕毀，（比之復旦女生可算不客氣多矣。）並見訓育主任，要求禁止該報出版。後經訓育主任和解，細語依舊出刊，但須經檢查。於是該報捲土重來，出其'復活號'，但仍對該女同學極盡揶揄譏訕之能事。

學院當局因此公布了壁報規則，最重要者就是創刊，前須呈請立案，每期張貼前先經檢查。（這樣之學院當局比之復旦可算對得住女性）。

養產生一淸道，此報可說是灰色的，全是些老生常談 議論，從報紙上摘一點新聞，毫無精采生氣，但以此報生命最久。細語於春假前夭亡，淸道至今猶繼續健在。

突然一個迎合低級趣味的怪物，色情的之殺千刀誕生，此報專登女同學的 Romance ，女同學種種瑣聞秘密 ， 都苦心探訪來揭登。如‘×女士購草紙一扎’，（ 註以‘是否月經期內’？）‘×女士欠門房糖果賬×角×分，’‘×女士某日某時與其愛人在兆豐公園情話×小時’……等，這些消息，雖女同學看了也失笑起來，她們輕微的小事，竟被新聞記者探訪到，她們很覺詫異。但殺千刀是秘密張貼，不遵照規則，故每期壽命均不滿五小時，第一期與第二期是被女同學撕毀，第三期則被職員撕去，不過在這幾小時壽命中，却受男同學熱烈的歡迎，繼續不斷的擁擠爭看。

有兩位同學竟因辦壁報而被開除學籍，報名

大衆黑板，因載政治上秘密消息，未遵照規則，被郭衛院長親自撕去，撕後，主辦的兩位同學，貼了一張警告，有‘誰人撕毀，當以鉄血和生命對付！’之語句，激怒了院長大人，不免於‘請滾蛋’的處分。院長在紀念週報告時，說，‘我從前當過兵，拏鉄血生命對付別人過，難道怕人來這樣對付我！’院長的態度好像是一個忠厚的學者，一隻眼睛永久躲在眼鏡裏面睏覺，却不知原來是一位殺過人的‘武裝同志’呢。

最近又出了一個畫報，很多羅曼史的寫照與滑稽畫，也很受歡迎。（士夫）

這一通訊的寄稿者，用很 Hoamur 的筆調，描寫出這一位壓迫學生言論的院長的姿態，很使人發笑。尤其院長宣言自曾做過殺人的勇士，决不怕用鐵血和生命來爭取言論自由的學生，更靈滑的說明了學校當局畏懼厭惡學生自由發表言論，不願學生關心政治問題；開除辦報的學生，這與統治階級逮捕槍殺一般新聞記者有什麼兩樣呢！

■藝術叛徒統御學生之言論風潮

美專壓制言論學生醞釀風潮

——刊文藝新聞五六號——

（美專通訊）美專自劉海粟返校後，壓迫學生自由更甚，其方法□巧妙殘酷，致引起學生怒打祕書長傅雷之風潮。近又使其新走狗鄒克昌等組一“壁報審查委員會”。限定學生所出之各種壁報稿件，必須于出版之前一日送交審查，審查一次不足，繼以二次，三次；一日不足，延至三日，四日；其審查又毫無標準，任意删禁，連描寫‘報販’‘野雞’的生活作品，亦均視爲大逆大道。所以現在除了少數的拍馬的木頭同學而外，大都在希望向學校當局反抗，昨該校學生向人告，他們不久將有一次學潮發生。

在這一短節通訊裏，雖然並未說出美專學校新聞內容的如何，但學生大衆爲壓迫言論而激起的反抗，終是事實。

一般學校當局，大都站在和學生對立的地位，一般的壓迫學生言論的事實，當絕對不僅是這裏所指出的兩個。這和近年來統治階級，對於新聞之施行檢查制度，或者謀用威力經濟來收買，如收買之不成，則出之種種壓迫的手段，甚或封閉完事的現象，正相映成趣，互爲因果！雖然一般新聞，並不一定是眞正代表大衆的輿論的。

★ ★

以上，所舉的全是上海的學校，現在我們注視的目標，移轉到北平來看，這情形就不同了：北平出版的各種學校新聞，据我所看到的幾種，內容大都很切實，更注意於一般社會、政治、經濟的情況，——

文藝新聞×號北平通訊載：

北大學生，最近創刊雜誌有‘中國論壇’和‘北大新聞'。前者爲'站在反帝的立場上對於中國現社會的一切，如國聯調查團，上海圓桌會議，等作正確的分析與批判'；後者爲北大覺悟的學生的'自以發揮言論的中心機關'，其中言論、雜感等欄意識前進，態度正大。但校聞一欄，記事殊屬沉腐，且近低級趣味。

其次，在北平設有新聞學專科的學校，對於實際新聞工作的努力，也是很有意義的。文藝新聞北平通訊平民大學張亞雄君的寄稿——

（北平通訊）此間平民大學新聞學系，近由學生方面自動的斡旋，成立一"平大通訊社"，已于四月七日開始發稿。其發刊詞曰：平民大學新聞學系，過去有着光榮的歷史。不是且不必我們自喧吧！現在畢業同學，服務海內外新聞界者，不下數百人可算是堅實的證據了。誠以新聞學僅僅七八十年的（？）開展中，在中國，平大首先創設專系，異標特樹，才有此偉大的成績。現在同系同學，應着實事的需要，創辦一通訊社，其主眼尤注視于社會新聞方面，今玆呈獻于新聞界，無論主觀和客觀方面的感想，只少起一種新的刺激。第一，中國的大學新聞學系，由理論踏入實際，這是破題兒第一遭。第二，中國的通訊社，特別注重社會新聞，恐怕又少前例。上面舉出的兩點，就是所謂的實事需要了。顯明些說：誠然爲同人等練習新聞技術從而充實理論的機會，此外確有深入社會的內層，努力于社會病態的檢察的責任。中國政治新聞的辛辣，新聞記者，和一般讀者都感到無法敷飾和置信了吧！只有社會這條路輪到我們走了。社會是如何深沈而重要的東西(？)呀！我們想同全體新聞界共同的致力，平大通訊社簡單的緣起，便是這樣。

據知者言：平民大學，自民十一成立以來，所以能享外界之贊稱者，厥爲新聞學系之創設。過去教授如邵飄萍先生，徐寶璜先生皆一時著名記者，十三年、十四年間，可爲極盛時代。不圖十五年政變，邵氏殉業，名記者紛紛南下，而該校亦從此一蹶不振矣。今歲春，新生中，突來報業退職者數四人，皆外省知名青年，因不安于學校空氣之沉寂與頹敗，遂商同舊有新系同學，創此通訊社。其旨趣有如發刊中所言，而其影響，實已突破消沈暗淡之校譽。

通訊社稿發刊以來，精神頗佳，內外勤務分工合作，如寫鋼板、執印機、摺頁子，皆由同學自任。日發行本埠者四十餘份，如民國日報京報比效純淨的報紙，多有採取，因該社富有學生脾氣，不稔平中報界舊習，欠于聯絡，類多不予採用。即如該社成立消息，有些報紙，竟亦眯着眼睛裝看不見。刻下負責人員正謀所以提攜之道，此亦一大可注意之事件也。又因經費關係，外埠暫未發稿，蓋經費純由學校担任，目的在供學生實習，完全無營業上的補助，每期發稿，皆爲白送，投遞則附"時聞通訊"發行，以時聞社長管翼賢先生，與平大新系有教授之誼也。

社中人物，除聘有現任大公文藝部長兼時報記者之徐彬彬、時聞及時報社長管翼賢、北平晨報記者許興凱、林仲易等先生爲導師；外內勤部長蕭俊殷、編輯科長張亞雄、文書科長王鼎極、財務科長楊猶生、印刷科長孫壽康、發行科長趙荀龍、外勤部長鍾汝宗、採訪科長林邵培、交際科長松亞農。其中蕭、張、楊、林皆前曾在原籍服務報界，張甘肅人，蕭、林、楊皆四川人。截至現在社員幾近三十人之多，內中有女士一人，名常嘯塵，對于工作亦非常熱心，按該校畢學生有汪鏡英女士者，蜚名海上，常女士乃其後來者也。

社中組織成一種特別分配，蓋爲同學等練習方便起見，而創爲此種系統。大的方面分內勤、外勤二部，其工作之分配，由社員自己任定，重要職員，乃大家所選出者。內勤部下編輯科、文書科、財務科、印刷科、發行科、各科長一人；外勤部下，分交際、採訪二科，各科長一人。分工合作，前途預料非常廣大，誠中國新聞教育一大碩果也。最近該社擬全體旅行南口，是爲娛樂，也是爲調查旅行團。內部有完善組織。定五月二日出發云。

這篇通訊，不但記述了平大新聞學系學生從事學習的實際的新聞活動，同時也介紹了該校新聞教育的一班。上海復旦大學新聞學系，曾出版一種明日之新聞的刊物，但內容祇有些空泛的關於新聞的短文，若以之與平大的實際活動相較，則頗有“天南地北”之感。尤其是復旦新聞學系高材生們所主持的壁報的表現上。

平大這一篇通訊，當時文藝新聞的編者，刪改了登載於第九號，——

（北平通訊）中國新聞教育最先成立的，是平民大學的新聞學系。該系學生現自動立一平大通訊社，專門注重於社會新聞的採訪。是乃由課室裏跑出到市井，從事於實際的新聞工作。發稿以來，精神頗佳，內外勤務皆分工合作。如寫鋼板、印刷、摺頁、皆由學生自作。每日發行北平本埠者有四十餘份，但舊都報界尙多舊的惡習，該社因少聯絡，故有幾種報紙不予採用。全社經費係由校中担任。內部組織完美，最近又於五月二日全部人員旅行南口，以從事社會調查，該社當開始時，曾發宣言，其中有謂：“練習新聞技術從而充實理論，深入於社會之內層，努力於社會病態的檢查”。這即是動員向街頭的意義。

這條記事的標題，稱爲“向街頭動員”。努力檢查社會的病態，是新聞記者的一個重要的任務。矢志於新聞學的學生，向街頭動員，這是最好的實際的預習與體驗。即每一個普通的學生，他也必須要有從課室到市井的活潑的向學的精神。

★ ★

北平設有新聞學專科的學校，還有一個頗負名望的燕京大學，牠是純粹的美國式的教育機關，新聞教育部份，不待說也是 Americanism 的。因爲與美國咪蘇哩大學有交換教授等特殊的關係，接受了美國不少的援助，所以到處"洋氣充斥"。燕大新聞學系出版的新聞學研究，內載新聞學概況，關於"報紙之實際工作"一節云：

新聞學系出版之平西報，最初乃一中英文合刊之報紙，中文佔三版，多載北平西郊社會新聞，及國內時事。英文佔一版，刊印燕京大學教職員與學生之生活與工作。由學生担任社論、編輯、採訪、廣告、發行、校對、排版，均由學生輪流任之。編輯室設在印刷所內，俾學生與印刷人員，在工作時間內，有直接接觸之機會。

九一八事件發生後，北平英文導報停版（按係由於日本"不祥事件"的記載，及排日言論引起日領事的抗議而停版的。）學系爲應時代需要起見，特在北平城內，發行英文平西報，自置印刷機與通訊機關，爲北平中國人自辦英文報紙之唯一刊物。由繞世芥任經理，美人馬丁葛魯甫任撰述，其餘編輯、採訪各項工作，概由學系中美兩國學生親身分任，英文平報報營業，日見發展，近已更名爲北平英文燕京日報，漢文平西報，亦將英文版裁去，擴充漢文版，各種與英文同。社址則移於北平城內西裱褙胡同五十一號。漸有執北方輿論權威之勢。

背後有美人作後盾，辦報也由美人担任撰述，（注意，撰述是報紙的靈魂！）在國人媚外，崇外的心理上，在中美友善論者的志願上，在現統治者"聯"美的事實上；無怪乎燕大的聲譽日高，更無怪乎，燕大學生所辦（？）的報紙，"漸有執此方輿論權威之勢！"而且，在北平出版的漢文報，有一版英文，不知道牠這報究竟是給誰人看的？學校新聞，供給學校近週市鎮市民的閱讀，這原是美國學校新聞的一種好的先例，燕大步此後塵而竟然一部份用英文；我想，倘如不是美國用了大量的黃金，把北平西郊的民衆都教育成爲懂英文的'順民'，那末平西報的讀者，恐怕也祗有平西報的工作者或一部'商等華人'才要看。否則，英文記載的"教職員與學生之生活與工作"，那也只有當爲"成績報告"寄到美國去！這是很毒辣的帝國主義新聞的文化侵略。我尚未讀過燕大學校新聞，關於牠的內容如何；不能妄加評斷。但我希望燕大新聞學系的同學們，能辯認中國的前途，自己的前途，和致學新聞的抱負與目的。

★ ★

中國學校新聞的斷片記述，僅祗如此。不幸的，在這僅有的材料裏，沒有十分值得頌揚的成績，可以寫出。自然，各大學裏各種專門學術的刊物也很多，但要內容充實，精神活潑，在學術，文化，或者思想，行動上；放一異彩而留下使人不忘的史蹟的，則是極難見的。

這裏，爲中國學校新聞的未來，且下簡單的結語：中國一般社會新聞事業的進步，發展，雖可以激引學校新聞的進步，發展。而推動中國學校新聞前進與發展，首先仍須學生大衆對自己處在的時代和環境，有深切正確的認識；對自要有自覺。時代苦難的前途，正爲學生大衆展開着，我們日常所經歷的一切變亂，都在刺激着有敏感的青春，校門外的人物風景，將是青年們赴戰的沙場，我們怎樣鍊鍛今日的身手呢？學校新聞是一個鏡子，一個測驗器。

一九三二，八，二日暑中。

後　記

——附"綜合集納研究"抄目——

"學校新聞講話"，是我個人從事"集納"研究的處女出版。經過頗不少的苦難，到這白熱的盛暑及百忙的生活中，才將這部稿的印樣校對完畢。在校對時，見到文中流露了不少的對過去中國新聞學之不滿；而同時又發現自己作文中，更多欠妥之處。生活和工作的環境，始終未容許我有過'埋頭向學'的機會，對於這僅僅是一些潦草、雜亂的材料的貢獻，是深深認爲自慚的！

★

此時，我要向讀者們作一個說明。——1930—31一年間，出版界受了統治當局空前的殘害，在嚴酷的制止所謂"反動文化"的恐怖與約束下，客觀的轉變了出版界的傾向，使各出版家爲了求經營的存在，而以發行學生讀物爲流行及相互進行的中心。本書中所集納的諸篇，就是學生讀物大盛行的時期內，應答當時各種學生雜誌之徵稿的成績。正因爲我抱負了從事新興集納運動的志願，在今日一般人甚少注意新聞學；以及御用新聞和走狗記者們依附資產階級帝國主義的政權，爲擁護豪紳、地主、洋人等的利益，而統制着一切新聞機關，不認識眞正新聞之社會存在的意義，忽視並且不要新聞研究之時代；要作一些正確的"集納"理論的創發或闡述時，是狠困難的事。其原因，就是現在的各大新聞及走狗記者們之戰術，唯一的是祇用了無恥的刁笑來答復你對他的批評。階級立場肯定了牠們的生死，我於是覺悟到：要發動新興集納運動的基礎，祇有廣大的結合有志於此而就未投身於此的青年同志。恰好學生讀物接受我的文稿；於是，就從"學校新聞"之倡導起，試步的開始了我矢志的工作。

★

學校新聞於在學青年，具有莫大的意義，一方面是激勵在學的生活，一方面也是學習的新聞工作。在本書中介紹日本和英美的學校新聞文裏，可以看出很多可觀的實績。因了材料搜集之困難，對中國各學校的學校新聞，不曾作一具體的考察，這是我認爲最大缺點的。現在，姑就手頭所有的斷片材料，輯成中國學校新聞之片記一文，附於篇後，藉作爲聊勝於無的一隅的觀驗。我想，這雖然祇是片記，但從這裏來反映整個中國學校新聞的現況，動向及形態，是可能的。

★

在中國研究新聞學的人，我相識的很少；在一般的表現上，我認爲最有見地而且有眞實精神的祇有白濤。我和白濤的相識，是一九二九初夏在閘北寶山路××演劇部，在許多朋友中，他年齡最比我長，後來尤以從學的同道，他愛護我而成爲我的甚於師長的益友。××演戲部的舊址，現在，已在“一二八”的浩刧中化爲灰燼了，我追憶當初擴野活躍的聚會，某夜在晚餐中和白濤關於新聞學研究的談話；堅強了我的志願。所以當此書出版，我特地請他寫一篇序記。這不僅是我個人，而且於集納運動上，都是有意義的。

本書是景星爲我編校的。她和我在共守的生活中，對我的幫助最大。直至現在，日常的助我收存材料及作剪貼工作。我應當在此感激她。還有供給我此書插圖材料的趙家璧兄和森堡、華蒂，也謹在此致謝。

1931，"九一八"後，在中國新聞學研究會認識了集新、陸詒諸友，偶然談起大家要來作一般的、系統的新聞學研究的問題，(——文藝新聞的讀者、也有很多關於這問題的來信。)所以後來就根据了日本內外社出版的綜合集納學講座及許多別的新聞學書藉，編製了一個目錄。當時也曾野心的起過要完成這偉大工程的念頭。以目前的生活環境看來，此後恐是很難實現的。現在，就抄錄在這裏：

■"綜合集納研究大系"抄目

1．集納學總論，

一，資本主義與新聞之變質。

二，資本主義所支配之新聞產業。

三，現代新聞論。

四，新聞社會事業與新聞社會運動。

五，新聞之社會性。

2．集納學分論，

一，集納與經濟。

二，集納與文學。

三，集納心理學。

四，集納與科學。

五，集納與政治。

六，集納與道德。

七，集納與輿論。

八，集納與感覺論。

3. 世界各國新聞別論，

一，世界主要新聞大觀。

二，法國新聞論。

三，美國新聞論。

四，德國新聞論。

五，蘇聯之新聞及新聞政策。

六，國際聯盟與新聞。

七，世界新聞史。

八，世界之通訊網。

4. 日本新聞總展觀，

一，日本新聞總展觀：

山陽篇—關東篇—東北篇—朝鮮篇

二，日本雜誌發達史。

三，日本出版界之現勢。

四，日本革命新聞發達史。

五，日本新聞記者組合運動史。

六，日本之英文報紙。

七，日本新聞印象。

5.新聞編輯的理論與實際。

一，綜合編輯論。

二，外報部之組織與活動。

三，攝影部之組織與活動。

四，運動部之組織與活動。

五，論婦女版之編輯。

六，經濟部之組織與活動。

七，學藝版論。

八，娛樂版（Radio，演劇，電影，棋賽……）論。

九，電影版之編輯與電影記事。

十，整理部之組織與運用。

十一，政治部之活動及組織。

十二，新聞編輯者之諸問題。

十三，新聞編輯之實際知識。

6. 新聞之經營與印刷，

一，新聞 Circulation 研究。

二，新聞工場經營與印刷。

三，新聞社之出版事業。

四，郵售販賣之宣傳戰術。

五，營業局之組織及其活動。

7. 新聞廣告研究，

一，新聞廣告之作法。

二，廣告部之組織及其運用。

三，廣告揭載之實際知識。

四，廣告收入與新聞經營。

8. 新聞法律與新聞政策，

一，各國新聞法之是非。

二，新聞政策解剖。

袁殊記，

一九三二；八。

图书在版编目（CIP）数据

学校新闻讲话 / 袁殊著. —北京：中国传媒大学出版社，2018.3
（中国近代新闻学名著系列丛书 / 芮必峰主编）
ISBN 978-7-5657-2294-3

Ⅰ. ①学…　Ⅱ. ①袁…　Ⅲ. ①学校—新闻工作—概论　Ⅳ. ① G210

中国版本图书馆 CIP 数据核字（2018）第 054270 号

中国近代新闻学名著系列丛书
芮必峰　主编
学校新闻讲话
XUEXIAO XINWEN JIANGHUA

著　　者　袁　殊
策划编辑　司马兰　姜颖昳
责任编辑　姜颖昳
封面设计　拓美设计
责任印制　阳金洲

出版发行　中国传媒大学出版社
社　　址　北京市朝阳区定福庄东街 1 号　　邮编：100024
电　　话　86-10-65450532 或 65450528　　传真：010-65779405
网　　址　http://www.cucp.com.cn
经　　销　全国新华书店

印　　刷　北京华联印刷有限公司
开　　本　787mm × 1092mm　1/16
印　　张　16.25
字　　数　140 千字
版　　次　2018 年 6 月第 1 版　2018 年 6 月第 1 次印刷

书　　号　ISBN 978-7-5657-2294-3/G · 2294　　定　　价　78.00 元